# TRICK 17

## NACHHALTIG LEBEN

INA VOLKMER

# INHALT

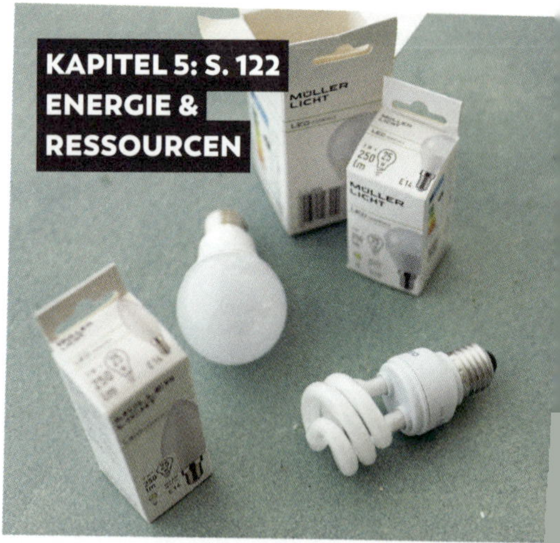

# VORWORT

Tier- und Umweltschutz, Zero Waste, Recycling und Upcycling – in diesem Trick 17-Ratgeber erfährst du, was es bedeutet, nachhaltiger zu leben. Das Tolle: Es braucht gar nicht viel, um den Schritt in einen umweltfreundlicheren Alltag zu gehen, denn unsere praktischen Hacks lassen sich ganz easy umsetzen. Statt viel Geld für Gesundheit, Kosmetik, Reinigungsmittel, Möbel, Technik & Co. auszugeben, erklären wir dir, wo und wie du ökologische Alternativen findest bzw. selbst herstellen kannst.

Egal an welcher Ecke du anfängst, nachhaltiger zu entscheiden und zu handeln, es ist die Richtige! Und wenn du dein Leben nicht von heute auf morgen komplett umkrempeln möchtest – jede noch so kleine Geste zählt!

Ina

# Nachhaltig einkaufen

Kaufe deine Eier direkt vom Bauernhof. Sonst auf den Stempel achten.
0= Bio-Ei, 1= Freilandhaltung. Eier mit Stempel 2 und 3 kommen nicht von glücklichen Hühnern.

(1)

1 kg ≙ 5 Euro

Egal ob Kleidung oder Lebensmittel – wer nachhaltig einkaufen möchte, muss hinter die Kulissen schauen und herausfinden, was drin steckt. Informiere dich zum Beispiel, woherdeine Konsumgüter kommen (Transportwege, zweifelhafte Unternehmen), unter welchen Bedingungen sie hergestellt werden (Kinderarbeit, Ausbeutung von Arbeitskräften, Umweltverschmutzung) und ob jemand dafür sein Leben lassen musste (Tiere, Regenwald). Versuche außerdem, so wenig Müll wie möglich zu „kaufen", es sei denn, er ist recycelbar. In diesem Kapitel findest du viele tolle Tipps und Informationen zum nachhaltigen Einkaufen. Wenn du nur ein paar in deinen Alltag integrierst, tust du der Umwelt bereits einen großen Gefallen.

**Im Supermarkt hast du in der Regel die Wahl zwischen importierten Produkten aus fernen Ländern und regionalen Lebensmitteln, die einen deutlich kürzeren Anfahrtsweg hatten und auch noch Unternehmen aus dem Umland unterstützen. Schau darum genau auf die Etiketten und informiere dich, woher Obst und Gemüse kommen.**

---

Wenn du dir unsicher bist, überlege, ob das Obst bzw. Gemüse gerade Saison hat. Werden Erdbeeren im Februar angeboten, kommen sie garantiert nicht aus Deutschland.

# 2 REGIONAL & SAISONAL

**Fischst du auch ständig verdorbenes Obst und Gemüse aus dem Kühlschrank? Dieses Problem umgehst du, indem du deine Mahlzeiten im 3-Tages-Rhythmus planst. Überlege dir vor dem Einkaufen genau, welche Gerichte du in den kommenden drei Tagen kochen möchtest und welche frischen Lebensmittel du dafür benötigst. Halte dich im Supermarkt genau an deinen Einkaufszettel – komme was wolle – und lass dich nicht von Gemüse- und Obst-Großpackungen verführen. Shoppe lieber in kleinen Mengen.**

---

Wenn es absehbar ist, dass du Obst und Gemüse nicht aufbrauchen wirst, kannst du es rechtzeitig einfrieren (siehe Seite 47). Wie du auch Reste verwerten kannst, liest du auf Seite 43.

# 3 THINK TWICE

**Wasser wird in Deutschland meistens in Plastik-Pfandflaschen verkauft – doch nicht alle werden mehrfach verwendet und wieder nachgefüllt. Einen Hinweis gibt der Pfand-Preis: Flaschen, die mehrfach nachgefüllt werden, kosten zwischen 8 und 15 Cent Pfand. Getränkeverpackungen aus Plastik, Glas oder Alu, die laut deutscher Verpackungsverordnung als ökologisch unvorteilhaft eingestuft sind, kosten hingegen 25 Cent. Davon solltest du im Sinne der Nachhaltigkeit besser Abstand halten, genau wie von Einweg-Flaschen und Getränkedosen ohne Pfand. Am besten weichst du auf (regional befüllte) Mehrwegflaschen aus Glas aus. Sie haben die beste Öko-Bilanz.**

---

Steig auf Leitungswasser um. In der Regel ist es bei uns nämlich von hervorragender Qualität. Möchtest du auf dein Sprudelwasser nicht verzichten, lohnt sich eine Investition in einen Wassersprudler.

4

# WENIGER PLASTIK

## 5 TSCHÜSS, TÜTE

**Plastiktüten werden mittlerweile nur noch gegen einen Aufpreis abgegeben – und das ist auch gut so, denn Jutebeutel sind eine deutlich bessere Alternative. Wenn du in Zukunft jedoch bei jedem Einkauf einen neuen Jutebeutel kaufst (und schlechtestenfalls wegwirfst), ist auch keinem geholfen. Investiere darum lieber in ein paar schöne Beutel, die du ab jetzt immer mit dabei hast und gerne zeigst. Besonders schick sind selbst genähte Turnbeutel. Sie entlasten die Arme beim Transport der Einkäufe und sehen auch noch super stylish aus!**

Auch Obst und Gemüse landen im Supermarkt gerne mal in Plastiktüten. Auf diese so weit möglich verzichten. Wenn das nicht geht, verwendest du die Tütchen danach als Müllbeutel im Badezimmer. Sie haben meist die gleiche Größe.

# 6 TÜTEN-SAMMLUNG

**Am besten verzichtest du ganz auf die Verwendung von Plastik- und Papiertüten – doch manchmal kommt man leider einfach nicht drumherum. Aber auch damit kannst du noch jede Menge anstellen.**

**Einkaufstüten machen sich hervorragend als Müllbeutel im Kosmetikeimer im Badezimmer.**

**Papiertüten kannst du mit Filzstiften oder Tusche verschönern und danach weiterverwenden, zum Beispiel als Ordnungshelfer im und auf dem Kleiderschrank.**

**Abgeben: Wenn sich mehrere Tüten angehäuft haben, kannst du sie sammeln und später an soziale Einrichtungen abgeben, wie die Tafel. Diese brauchen hin und wieder Tüten und Beutel für Bedürftige.**

Drei Tüten im Kofferraum deines Autos lagern. Dann hast du sie im Notfall zur Hand.

7

# ALLES AUS GLAS

**Auch im Kühlregal finden sich Lebensmittel, die nicht in Plastik gehüllt sind, wie zum Beispiel Joghurt und Milch aus Glasflaschen. Sie unterliegen ebenfalls einem Pfandsystem und können wieder im Supermarkt abgegeben werden. Alternativ kannst du die Gläser aber auch prima zum Aufbewahren von Pasta, Reis & Co. verwenden.**

---

Nimmst du einen Rucksack oder einen Trolley zum Ziehen mit in den Supermarkt, musst du die Gläser nicht im Beutel nach Hause tragen.

**Coffee to go ist toll, gar keine Frage. Aber leider entsteht dabei ein riesengroßer Haufen Pappbecher plus Plastikdeckel – und das alles nur für ein bisschen Koffein. Laut Deutscher Umwelthilfe sind 2015 im Schnitt ganze 320.000 Becher im Müll gelandet – pro Stunde! Mittlerweile kann man darum in vielen Cafés seinen eigenen (sauberen) Thermobecher mitbringen und auffüllen lassen. So hilfst du ganz nebenbei beim Einsparen von jeder Menge Müll und kannst deinen Kaffee aus einer Riesenauswahl an richtig coolen Thermobechern trinken.**

---

In vielen Coffee Shops bekommst du sogar Rabatt, wenn du deinen eigenen Becher mitbringst. Also: Mach mit und say no!

# 8 NEIN ZUM PAPPBECHER

Hand aufs Herz – wie viele Kleidungsstücke in deinem Schrank trägst du wirklich (noch)? Und wie viele Teile hast du vielleicht erst ein- oder zweimal angehabt? Keine Sorge, damit bist du nicht allein, das geht den meisten so – schließlich locken uns Klamottenläden ja an jeder Ecke mit schönen, günstigen Kleidern. Aber: Nachhaltig ist das nicht. Wir kaufen und kaufen, ohne das Produkt wirklich zu nutzen. Besser wäre es, seltener shoppen zu gehen und stattdessen etwas mehr Geld in Qualität und faire Produktionsbedingungen zu investieren.

9

# FAIR SHOPPEN

10

# SECOND HAND

**Ob online, in der Großstadt oder auf dem Land – Second-Hand-Läden gibt es mittlerweile überall. Dort finden sich jede Menge tolle Retro-Schätze aus vergangenen Jahrzehnten, aber auch ganz normale Kleider üblicher Handelsmarken zum kleinen Preis.**

---

Es gibt auch Tauschbörsen, Secondhand- oder coole Vinokilo-Events, wo du Vintage-Stücke zum Kilo-Preis bekommst.

11

# NO WASTE BEIM BÄCKER

**Kuchen, Törtchen, Brötchen – beim Bäcker werden sämtliche Leckereien in Papiertüten verpackt und vorher noch hübsch auf einem Pappteller drapiert. Diesen unnötigen Müll vermeidest du, wenn du eine saubere Lunchbox von zu Hause mitbringst, die idealerweise aus Edelstahl gefertigt wurde. Große Brote fühlen sich in einem Backbeutel wohl.**

---

Auch deinen Coffee to go kannst du genießen, ohne Müll zu produzieren. Auf S. 17 erfährst du, wie's geht.

**Bio-Produkte sind teurer als ihre regulären Nachbarn im Obst- und Gemüseregal. Doch für ein paar Extra-Euros bekommen alle am Lebensmittel Beteiligten auch mehr – vor allem mehr Geschmack. Gemüse von Bio-Bauern ist zum Beispiel nicht mit Kunstdüngern und Pestiziden belastet worden. Sie düngen mit Tiermist und achten auf einen nährstoffreichen, qualitativ hochwertigen Boden. Auch bei der Fleischproduktion gehen Bio-Bauern bessere Wege. Statt Massentierhaltung in riesigen Ställen ermöglichen sie den Tieren Auslauf auf der Weide. Sie füttern sie mit biologisch angebautem Futter, Gras und Heu und verzichten auf chemische Futterzusätze.**

---

Bio-Produkte sind nicht unbedingt nährstoffreicher, schmecken aber besser, denn die Bauern lassen dem Obst und Gemüse mehr Zeit zu reifen. Dadurch schmecken sie intensiver.

12

# EIN HERZ FÜR BIO-BAUERN

13

# ACHTUNG: ETIKETTENSCHWINDEL

**Nur vier Begriffe sind gesetzlich geschützt und gewährleisten, dass ein Produkt nach den Richtlinien der EG-Öko-Verordnung erzeugt wurde: bio, biologisch, öko, ökologisch! Auch auf „kontrolliert biologisch" ist Verlass.**

---

Produkte mit Formulierungen wie alternativ, natürlich oder kontrollierter Anbau sind keine Bio-Produkte nach gesetzlichem Standard.

# 14

# SAVE THE FISH

Rund 93 Millionen Tonnen Fisch werden jährlich weltweit gefangen. Das sind weitaus mehr Fische, als natürlich nachkommen können. 30 Prozent der kommerziell genutzten Fischbestände gelten bereits als überfischt, 60 Prozent als maximal genutzt, so Tierschützer. Das Problem liegt jedoch nicht nur in den vielen toten Fischen, sondern auch im dadurch veränderten Ökosystem. Viele Fischarten, die anderen Lebewesen als Nahrungsquelle dienen, werden komplett überfischt, wodurch diverse Nahrungsketten gestört werden. Außerdem bringt jeder Fischfang auch einen Beifang mit sich – Lebewesen, die versehentlich in den Netzen verenden, wie Haie, Schildkröten, Delfine und Wale. Das Ergebnis: Die Meere werden immer leerer. Beim Kauf solltest du darum unbedingt auf Bio- und Umweltsiegel achten. Sie garantieren nachhaltige Fischerei.

# 15

# GUTE WAHL

**Neben dem Wildfang gibt es auch gezüchteten Fisch aus Aquakulturen. Tierschützer empfehlen, grundsätzlich keinen Aal, Hai, Granatbarsch, Rochen, Schnapper und Rotbarsch zu essen. Okay sind jedoch Forelle, Garnele, Lachs und Karpfen aus EU-Bioaquakultur, Miesmuscheln aus Hängekulturen sowie Hering und Nordsee-Scholle.**

---

Alaska-Seelachs, Makrele und Kabeljau nur selten essen.

**Regional zu essen ist sinnvoll, denn damit unterstützt du Bauern und Händler vor Ort und vermeidest lange Anlieferungswege. Aber Vorsicht: Viele Produkte werben nur mit dem Aufdruck „aus der Region" – ein cleverer Werbetrick, denn noch gibt es keine verlässliche Zertifizierung. Darum: Am besten auf dem Wochenmarkt oder direkt beim Erzeuger einkaufen, wann immer es sich einrichten lässt.w**

---

Kein Wochenmarkt in der Nähe? Kein Problem. Viele Bauern liefern mittlerweile Kisten mit regionalem, saisonalem Obst und Gemüse an Städter aus. Sprich dich mit deiner Hausgemeinschaft ab, dann spart ihr Fahrt- und Lieferkosten.

# 16 WERBETRICK

# 17 COFFEE TIME

**Kaffee ist eines der wichtigsten Agrargüter im globalen Export, wird jedoch oft unter extrem unfairen Bedingungen gehandelt. Mit dem Kauf von Fairtrade-Kaffee leistest du einen Beitrag zur Verbesserung der Lebens- und Arbeitsbedingungen von Kaffeebauern und förderst gleichzeitig den Umweltschutz. Diverse Zertifizierungen wie Fairtrade oder Bio helfen dir bei der Wahl eines klima- und menschenfreundlichen Kaffees, mit dem du schon morgens etwas Gutes tun kannst.**

---

Viele Cafés bieten ebenfalls Fairtrade-Kaffee an. Einfach nachfragen, ob ein Alternativ- produkt angeboten wird. Auch beim Kauf von Kakao und Schokolade aufs Fairtrade-Siegel achten.

**Vermeide alle Produkte mit Palmöl, denn dafür werden jeden Tag unendlich große Waldflächen gerodet, vor allem in Südostasien. Es befindet sich in vielen Lebensmitteln, Waschmittel, Duschgel und Kosmetika, aber auch in einigen Bio-Produkten. Ein Blick auf die Zutatenliste hilft, denn Palmöl muss dort explizit aufgeführt werden. Oft werden auch ähnliche Namen verwendet, wie Palmate, Palmitate oder Sodium Palm Kernelate, manchmal versteckt es sich auch hinter „Pflanzenfett", was die Identifikation schwieriger macht.**

---

Viele Organisationen unterstützen Aufforstungsprojekte. Sie freuen sich über Spenden.

# 18 PALMÖL – NEIN DANKE!

# 19 WENIGER SOJA

**Es lohnt sich auch, wenn du deinen Soja-Verbrauch minimierst. Zum einen, indem du weniger Soja-Produkte kaufst, zum anderen, indem du deinen Fleischkonsum reduzierst, denn viele Tiere bekommen Soja-Futter serviert. Das Problem: Dafür werden regelmäßig große Flächen Urwald gerodet. Möchtest du trotzdem ab und zu Soja essen, solltest du auf die Aufschrift „gentechnikfrei“ achten. Vor allem die Pflanzen aus Entwicklungsländern sind häufig gentechnisch optimiert.**

---

Soja steckt nicht nur in Tofu, Sojamilch und veganer Wurst, sondern auch in Margarine, Mayo und Kosmetika.

Frische Schnittblumen bringen Farbe in die Wohnung – und manchmal auch jede Menge Flugmeilen, denn Rosen kommen auch gerne mal aus Afrika oder Nelken aus Südamerika. Greife hier ebenso wie bei Obst und Gemüse besser zu lokalen Alternativen. Noch besser: Pflanze selber Blumen an, zum Beispiel im Garten, auf dem Balkon oder dem Fensterbrett. Dann kannst du dich selbst mit Schnittblumen versorgen und unterstützt auch noch die Bienenwelt.

Auch hier auf Fairtrade-Siegel achten.

# 20 BLUMENMEER

21

# ACHTUNG! PELZ & FAKES!

**Dass für einen Pelzmantel etliche Tiere ihr Leben lassen müssen, ist bekannt. In Deutschland sind Pelzfarmen darum zum Glück extrem zurückgegangen, doch im Ausland – vor allem in Polen und China – gibt es noch immer etliche Zuchtbetriebe, in denen Füchse, Nerze & Co. unter furchtbaren Bedingungen gehalten und gequält werden. Auf „Fake Fur" auszuweichen, scheint eine gute Alternative zu sein. Doch erschreckenderweise ist auch so manches Kunstfell in Wirklichkeit Echtfell. Denn: Die in Massentierhaltung produzierten Felle sind günstiger als die Herstellung von hochwertigen künstlichen Fellen. Kaufe darum niemals Pelz-Outfits oder Accessoires, egal ob Fake Fur oder Original.**

---

Du möchtest wissen, ob ein Erbstück oder Flohmarkt-Fundstück echt oder fake ist? Dann zünde ein paar Haare an. Riecht es nach Plastik und verklebt, ist es Kunstfell. Wenn nicht, Echthaar.

**Woll-Pullis sind herrlich flauschig und liegen im Trend, keine Frage. Aus Tierschutz-Sicht sollte man jedoch keine Wolle mehr tragen, sondern besser auf pflanzliche oder synthetische Alternativen ausweichen wie Baumwolle, Leinen, Hanf oder Polyester, obwohl auch diese meist mit ökologischen Problematiken verbunden sind. Die in Deutschland verarbeitete Wolle kommt in der Regel aus China, Australien und Neuseeland, wie die beliebte Merino-Wolle. Die Zuchtbedingungen dort sind allerdings extrem schlecht. Oft werden schon den Lämmern ohne Betäubung Fleischfetzen herausgeschnitten, damit am Ende ein glattes Gewebe entsteht, das die Tiere vor Larvenbefall schützen soll. Auch Schwänze werden oft gleich nach der Geburt abgeschnitten. Viele Tiere sterben außerdem aufgrund von zu wenig Platz oder Futter, da die Herden zu groß sind.**

---

Es gibt inzwischen auch Wolle aus artgerechter Tierhaltung, in Deutschland wie im Ausland. Wenn du auf Nummer sicher gehen möchtest, kannst du in speziellen Wollgeschäften, im Internet oder in lokalen Produktionen schauen.

# 22 SCHLUSS MIT WOLLE

# NOTIZEN

**AHA!**

Kleider, Jeans, Wollpullis: All diese Dinge entstehen leider nicht durch Zauberhand. Sie werden produziert – doch die Frage ist, von wem und unter welchen Bedingungen. Kinderarbeit, unfaire Löhne und schlechte Arbeitsbedingungen sind leider auch heute noch in vielen Ländern an der Tagesordnung. Zum Glück setzen aber immer mehr Unternehmen auf fairere Bedingungen und legen ihre Lieferketten offen. Viele Kleider besitzen sogar schon einen eingenähten Tracking-Code, der mit dem Smartphone gescannt werden kann. Er verrät, woher die Materialien für die Kleiderproduktion kommen, wo und von wem genäht wurde und auf welchem Weg das Produkt nach Deutschland gekommen ist. Je transparenter der Umgang, desto fairer und ökologischer wird in der Regel produziert.

# Essen & Trinken

Trockenes Weißbrot in Würfel schneiden, in einer gefetteten Pfanne wenden und als Croutons über Salat und Suppen streuen.

23

Nach dem Einkauf ist vor dem Essen! In diesem Kapitel erfährst du, wie du Lebensmittel so lagerst, dass sie lange frisch und knackig bleiben, und wie du in der Küche auf Alufolie, Plastik & Co. verzichten kannst. Die Hacks zeigen dir außerdem, wie man einfach Essensreste vermeiden oder, wenn sie doch anfallen, lecker weiterverwerten kann. Aus Gemüseresten kannst du zum Beispiel im Handumdrehen eine würzige Brühe kochen, aus trockenem Brot oder Kartoffelschalen leckere Chips herstellen. Je erfinderischer du bist, desto weniger musst du wegschmeißen – und lässt es dir dabei auch noch richtig gut schmecken.

24

# HAFER STATT KUH

Die Produktion von Kuhmilch steht schon seit vielen Jahren in der Kritik. Um Milch produzieren zu können, müssen Kühe nämlich erstmal ein Kälbchen bekommen. An sich kein Problem – doch leider werden sie sofort nach der Geburt wieder vom Nachwuchs getrennt und so schnell wie möglich wieder befruchtet, damit der Milchfluss nicht versiegt. Besonders tierfreundlich ist das nicht. Wer trotzdem Kuhmilch trinken möchte, sollte darum genau darauf achten, woher die Milch kommt. Bei einigen Bauernhöfen werden die Kühe zum Beispiel nicht sofort von ihren Kälbchen getrennt, sondern erst nach ein paar Monaten langsam entwöhnt. Wer keine Möglichkeit zum Herkunftscheck hat, greift am besten zur Bio-Vollmilch, denn diese garantiert zumindest eine artgerechte Haltung und einen gelegentlichen Weidegang. Noch besser sind jedoch pflanzliche Alternativen, wie zum Beispiel Hafermilch. Die kannst du nämlich ganz easy selbst herstellen:

Gib 80 g Haferflocken, 1 Liter Wasser und 1 Prise Salz in einen Topf. Aufkochen und vom Herd nehmen.

Abkühlen lassen und die Mischung mit dem Pürierstab pürieren.

Danach filterst du den Brei durch ein Baumwoll-Tuch in eine Schüssel, sodass alle festen Bestandteile des Breis im Tuch bleiben.

Hafermilch in ein Glasgefäß gießen und bis zu drei Tage lang im Kühlschrank lagern.

# 25
# WEIN-WÜRFEL

**Eine Flasche Rotwein hält sich nach dem Öffnen noch ein paar Tage, wenn man sie in den Kühlschrank stellt. Wenn du schon vorher weißt, dass du ihn vermutlich nicht mehr austrinken wirst, kannst du die Reste in einen Eiswürfel-Behälter geben und einfrieren. Bei Bedarf holst du einen der Wein-Würfel heraus und nutzt ihn, um Saucen & Co. damit zu verfeinern.**

---

Rotwein ist im Kühlschrank noch 3–7 Tage genießbar – je voller die Flasche, desto länger. Wichtig: Luftdicht verschließen.

**Wenn du beim Kochen jeden Tag eine Extra-Portion einplanst, kannst du sie am nächsten Tag in einer Lunchbox mit zur Arbeit nehmen. So sparst du dir das oft doppelt und dreifach verpackte Essen to go vom Bäcker, beim Imbiss oder im Supermarkt – und auch noch jede Menge Geld.**

---

Viele Restaurants haben sich bereits auf „Zero Waste" bzw. „Low Waste" spezialisiert. Das bedeutet, dass sie in der Küche auf einen abfallfreien Ablauf Wert legen. Wenn du mittags Lust auf Auswärts-Essen hast, solltest du nach Möglichkeit hier einkehren.

26

# LUNCHBOX

**Beim Kochen entstehen zahlreiche Abfälle wie Karottenschalen, Kräuter-Stängel & Co. Sammle die gewaschenen Reste peu à peu in einem Behälter im Tiefkühlfach, bis du 4–5 Handvoll zusammen hast. Danach gibst du alles in einen Kochtopf, bedeckst die Reste mit Wasser und kochst sie für 45–60 Minuten. Nun lässt du alles noch 2 weitere Stunden ziehen. Sud durch ein Sieb abgießen, mit Salz und Pfeffer würzen und als Basis für eine leckere Gemüsesuppe verwenden.**

---

Füllst du die Suppe in Eiswürfel-Behälter, kannst du damit bei Bedarf Soßen und Suppen würzen statt Gemüsebrühe-Pulver zu verwenden.

# 27

# SAMMEL-SUPPE

# 28 RESTE-SMOOTHIE

**Aus übrig gebliebenen Obstresten kannst du leckere Smoothies machen, selbst wenn das Obst schon leicht mitgenommen aussieht, zum Beispiel nach einem Tag in der Schul-Tupperdose deiner Kids. Einfach klein schneiden, pürieren, mit etwas Wasser auffüllen und eiskalt genießen.**

---

Auch Gemüsereste machen sich hervorragend im Smoothie, zum Beispiel Möhren, Grünkohl, Spinat oder Feldsalat.

29

# EIS-KONFEKT

**Aus Saft- und Smoothie-Resten kannst du schnell und unkompliziert leckeres Eis-Konfekt machen. Einfach in einen Eiswürfel-Behälter füllen, ein paar Stunden durchfrieren lassen und aus dem Förmchen drücken. Bananen, Wassermelonen und Trauben sind nicht zum Einfrieren geeignet.**

---

Verrühre den Saft vorm Einfrieren mit ein paar Löffeln (griechischem) Joghurt – lecker!

**Egal ob Alu- oder Frischhaltefolie – in Zukunft solltest du auf diese Verpackungsmaterialien gänzlich verzichten, denn sie können nur einmal benutzt werden und belasten danach die Umwelt. Besser geeignet sind wiederverschließbare und mehrmals verwendbare Gefäße, wie Tupperware oder Boxen aus Edelstahl. Sie haben zudem eine lange Lebensdauer und sind sehr robust.**

# 30 FOLIENFREI

# 31 EINGETELLERT

**Wer beim Aufbewahren von Essensresten keine Plastik-Gefäße mehr verwenden möchte, lagert Reste einfach in einem tiefen Teller oder in einer Schüssel. Oben drauf legst du dann einen zweiten flachen Teller.**

---

Wenn du Platz hast, kannst du natürlich auch den ganzen Topf mit Deckel in den Kühlschrank stellen.

# 32 EISZEIT

**WICHTIG: BANANEN, WASSERMELONEN UND TRAUBEN SIND NICHT ZUM EINFRIEREN GEEIGNET.**

**Wenn du nach der Sommerernte zu viel Obst und Gemüse übrig hast, kannst du es prima einfrieren. Normalerweise macht man das in Gefrierbeuteln oder in Plastik-Dosen. Möchtest du darauf verzichten, kannst du stattdessen dickwandige, große Gläser verwenden, z. B. Marmeladen- und Honiggläser. Einfach das übrige Gemüse bzw. Obst waschen, ggf. klein schneiden und ins Glas geben. Danach Deckel drauf und ab in die Kühltruhe. Meist ist das Gefriergut danach 6–10 Monate haltbar.**

Bei flüssigem Gemüse- und Obst-Brei nur ¾ des Glases befüllen, damit sich die Flüssigkeit noch etwas ausbreiten kann. Glas gerade in die Truhe stellen und den Deckel lose auflegen, bis der Inhalt gefroren ist. Dann fest zudrehen.

# 33

# OLÉ OLÉ MHD

**Produkte mit abgelaufenem Mindesthaltbarkeitsdatum landen meist vorschnell im Müll. Doch viele Konsumenten wissen nicht, dass dieses Datum lediglich ein Richtwert ist und bedeutet, dass das Produkt bis zu diesem Tag „mindestens" haltbar ist – es muss danach aber nicht zwangsläufig schlecht sein. So überprüfst du, ob Milch, Joghurt, Fleisch & Co. wirklich schlecht sind:**

**Fisch & Fleisch:** Auf Fisch, Fleisch & Geflügel ist oft der Hinweis „Zu verbrauchen bis" angegeben. Danach solltest du es auch tatsächlich nicht mehr verzehren. Ansonsten gilt: Riecht es komisch oder scheint es sich farblich verändert zu haben, weg damit. Wichtig: Alles, was du roh essen möchtest, zum Beispiel Mett oder Lachs, solltest du am gleichen Tag verzehren.

**Milchprodukte:** Verändert sich die Form der Verpackung, weist dies auf ein verdorbenes Produkt hin, zum Beispiel wenn sich der Joghurt-Deckel anhebt. Ein weiterer Hinweis sind unnatürliche Verfärbungen, ein unangenehmer Geruch oder ein merkwürdiger Geschmack, wie bei saurer Milch.

**TK-Waren:** Bei Produkten aus der Kühltruhe hilft der Geruchstest leider oft nicht. Hier solltest du den Bogen darum besser nicht überspannen und das MHD nicht groß überschreiten. Im Zweifelsfall besser entsorgen, vor allem bei Fleisch, Geflügel und Fisch.

**Eier:** Wenn du unsicher bist, ob dein Frühstücksei noch gut ist, versenkst du es einfach in einer Schale mit Wasser oder in einem Glas. Sinkt das Ei auf den Boden, ist es unbedenklich und du kannst es problemlos zubereiten. Wenn es an der Wasseroberfläche schwimmt – ab in den Müll.

**Konserven:** Luftdicht verschlossen kannst du Konserven oft noch viele Jahre nach Ablauf des MHDs essen. Wenn die Verpackung allerdings aufgebläht oder beschädigt ist, oder dir beim Öffnen ein beißender oder säuerlicher Geruch entgegen kommt, solltest du die Dose umgehend entsorgen.

**Obst, Gemüse & Brot:** Wenn Schimmel zu sehen ist, solltest du Brot & Co. komplett entsorgen, denn meist sind nicht nur die sichtbaren Bereiche betroffen, sondern auch der Rest, allerdings unsichtbar.

**Käse:** Bei manchen Sorten ist Schimmel erwünscht und trägt zum Geschmack bei. Diesen Käse kannst du natürlich essen, sofern sich keine grünlich-grauen oder rosa-weißen Stellen bilden, denn die sind schädlich. Ansonsten gilt: Frischkäse und Scheibenkäse entsorgen, wenn sich ein flauschiger Pelz darauf ausbreitet. Bei Hartkäse einfach die schimmeligen Bereiche großzügig abschneiden, z. B. bei Emmentaler und Parmesan.

# 34 PESTO MAL ANDERS

Radieschen-Blätter landen in den meisten Küchen sofort im Müll, dabei kannst du sie super weiterverarbeiten. Frische Blätter zupfen, waschen und mit der gleichen Menge Olivenöl in eine Schüssel geben. 2 EL geriebenen Parmesan, 1–2 gehackte Knoblauchzehen und 2 EL geröstete Pinienkerne dazu geben. Alles pürieren, salzen und pfeffern.

Quark- und Crème-Fraîche-Reste werden im Handumdrehen zu einem leckeren Brotaufstrich, wenn du sie mit frischen Gartenkräutern, Salz und Pfeffer verfeinerst.

# 35 KRÄUTER-AUFSTRICH

**Aus altbackenem Brot, Toast oder Brötchen zauberst du im Handumdrehen ein leckeres Frühstück. Verquirle dazu 250 ml Milch, 1 Ei, 1 Prise Salz und 2 EL Puderzucker. Altes Brot in die Eiermilch tauchen und in einer heißen Pfanne mit Butter goldbraun braten.**

---

Arme Ritter mit Zimt & Zucker, Marmelade oder Obst genießen.

# 36 ARME RITTER

# 37 BRAT-NUDELN

**Was richtig gelagert wird, hält länger.**

**Ab ins Glas**

Diese Lebensmittel gehören in den Küchenschrank.

**Kühl & trocken**

Diese Speisen vertragen weder Kühlschrank noch Zimmertemperatur. Am wohlsten fühlen sie sich in der konstant kühlen Speisekammer.

Tomaten und Äpfel ebenfalls in der Speisekammer lagern, aber getrennt vom anderen Obst und Gemüse.

**Luftig eingenetzt**

In einem Netz fangen diese Knollen nicht an zu faulen.

**Eiskalt im Fach**

Im Gemüsefach deines Kühlschranks bleiben diese Lebensmittel lange frisch.

**Im Wasserglas**

Diese Köstlichkeiten halten länger, wenn du sie in ein Glas mit Leitungswasser stellst.

Salat und weißen Spargel in ein feuchtes Tuch wickeln

**Sonderfälle**

Kartoffeln – Kühl, dunkel und trocken in einer abgedeckten Kiste lagern. Brot – In einem Brotbeutel oder in einem Topf aus unglasierter Keramik oder Ton aufbewahren.

39

# RESTE-RATATOUILLE

**Du hast noch ein bisschen Gemüse im Kühlschrank, weißt aber nicht, was du damit anstellen sollst? Die beste Möglichkeit, es lecker zuzubereiten, ist ein Ratatouille, denn darin findet jedes Gemüse Platz. Einfach klein schnippeln und zusammen mit einer Zwiebel in Öl anbraten. Danach eine Dose passierte Tomaten und einen halben Liter Gemüsebrühe zugeben, mit Salz und Pfeffer würzen und 20–30 Minuten köcheln lassen.**

---

Als Beilage eignen sich Baguette, Nudeln und Reis.

**Nur noch eine alte Banane und ein Ei im Kühlschrank? Kein Problem, wenn du auch noch ein bisschen Speisestärke im Schrank hast, kannst du daraus leckere Pancakes machen. Banane schälen, zerdrücken, mit dem Ei vermengen und 30 g Speisestärke unterrühren. Danach in der gefetteten Pfanne braten.**

---

Noch etwas Schokocreme im Schrank? Sie passt perfekt dazu!

# 40 BANANEN-PANCAKE

# 41

# OFEN-CROSTINI

**Eine leckere Vorspeise kannst du ebenfalls aus altem Brot oder Baguette zaubern.**

Auch Salami und Schinken lassen sich prima unters Gemüse mischen.

**Brot, Brötchen oder Baguette in Scheiben schneiden und auf oder im Toaster rösten. Danach auf ein Backblech legen.**

1

Gemüsereste und Kräuter klein schneiden und mit Salz und Pfeffer würzen. Brotscheiben damit belegen.

Mozzarella oder anderen Käse klein schneiden und ebenfalls auf die Brotscheiben geben.

10 Minuten bei 180 Grad Umluft backen.

**Selbst klassische Fleisch-Speisen wie Mett kannst du vegan zubereiten.**

1. **100 g Reiswaffeln klein bröseln. In eine Schüssel geben und 300–350 ml Wasser zugeben. Gut durchkneten.**
2. **2 kleine Zwiebeln hacken und unterrühren. 40 g Tomatenmark, Salz und Pfeffer unterkneten.**
3. **Bei Bedarf noch einmal mit einer Gabel durchstampfen, bis eine gleichmäßige Konsistenz entstanden ist.**
4. **Mischung 5 Stunden im Kühlschrank durchziehen lassen, danach in Mett-Igel-Form bringen und mit frischen Zwiebeln (Stacheln) und schwarzen Oliven (Augen und Nase) bestücken.**

Für die Stacheln kannst du auch Salzstangen verwenden.

# 42 VEGANER METTIGEL

# BROT-CHIPS

**Aus einem alten Baguette kannst du auch leckere Chips machen. Das Baguette dazu in dünne Scheiben schneiden, mit einer Knoblauchzehe einreiben und nach Belieben mit Salz, Pfeffer, Chili und Paprika würzen. Danach mit Olivenöl einpinseln und für 8–10 Minuten bei 160 Grad im Ofen rösten.**

---

Mit Oregano oder Rosmarin bestreuen.

44

# KÜHLSCHRANK RICHTIG EINRÄUMEN

**Lagerst du Lebensmittel bei der optimalen Temperatur, bleiben sie länger frisch. Hier erfährst du, in welche Kälte-Zone im Kühlschrank Gemüse, Milch & Co. gehören.**

**Was in den Kühlschrank gehört und was du lieber in der Speisekammer aufbewahrst, erfährst du auf Seite 54/55.**

**1 Kühlschranktür: 8 Grad**
Butter und Eier fühlen sich im oberen Abteil wohl, in der Mitte kannst du Ketchup, Senf, Tomatenmark-Tuben & Co. lagern. Im unteren Bereich ist Platz für Milch und Getränke.

**3 Oberes Fach: 8–10 Grad**
Im oberen Bereich solltest du langlebige Lebensmittel wie Marmelade, Eingelegtes und Essenreste, die zeitnah verzehrt werden, aufbewahren.

**3 Mittleres Fach: 5 Grad**
Eine Etage tiefer herrscht bereits ein kälteres Klima – perfekt für Milchprodukte wie Joghurt, Quark und Schmand. Käse und Wurst finden hier ebenfalls ihren Platz – am besten in dafür vorgesehenen Boxen.

**4 Unteres Fach: 2–3 Grad**
Ganz unten lagerst du alles, was schnell verdirbt, wie Fisch und Fleisch.

**5 Gemüsefach: 8–10 Grad**
In der Schublade unter der Glasplatte lagerst du Obst, Gemüse und Salat.

**1** Kühlschrank regelmäßig reinigen, damit Bakterien keine Chance haben.

**2** Lebensmittel, die zeitig verzehrt werden müssen, nach vorne stellen, damit du sie nicht in den Tiefen des Kühlschranks vergisst.

**3** Lebensmittel nicht zu dicht stapeln, damit die kalte Luft richtig zirkulieren kann.

**Fleisch muss produziert werden. Die Aufzucht, die Schlachtung und die Produktion verbrauchen zum Beispiel Unmengen an Wasser und Landfläche. Auch die Produktion von Tierfutter zählt in diese Rechnung mit hinein. Dazu kommen die oft sehr schlechten und unwürdigen Lebensbedingungen für die Tiere selbst. Enge Ställe, keine Freilandhaltung – all das sind Gründe, deinen Fleischkonsum einzuschränken oder gar komplett vegetarisch oder vegan zu leben.**

---

Wer Fleisch essen möchte, sollte auf Bio-Qualität setzen. Die Bauern garantieren damit eine würdige Haltung der Tiere und das Weglassen von genmanipuliertem Futter.

45

# WENIGER FLEISCH ESSEN

**Tassenkuchen liegen im Trend und lassen sich prima aus Resten herstellen. Einen leckeren Mini-Schokokuchen kreierst du, wenn du 4 EL Mehl, 4 EL Zucker, 2 EL Kakao, 2 EL Öl, 3 EL Milch und 1 Ei in einer großen Tasse verrührst. Danach bei 1000 Watt 3–4 Minuten in der Mikrowelle garen.**

---

Dazu passen frisches Obst und Eiscreme.

# 46 CUP-CAKE

47

# SÜSSE CHIPS

**Normalerweise landet die Schale von Obst und Gemüse immer zuerst im Müll. Dabei kannst du auch diese prima weiterverarbeiten. Wie wäre es zum Beispiel mit knuspriger Bananenschale?**

**Banane schälen und die Schale in kurze, schmale Streifen schneiden.**

**Schale in ein Sieb geben und gründlich unter kaltem Wasser abspülen. Danach abtropfen lassen.**

Pflanzenöl in einer Pfanne erhitzen (ca. 170 Grad) und die Schale darin 6–7 Minuten frittieren.

Ist die Bananenschale knusprig braun, holst du sie aus dem Fett und lässt sie auf Küchenpapier abtropfen. Dazu schmecken selbst gemachte Marmelade und flüssige Kuvertüre-Reste.

Funktioniert auch mit der Schale von Bio-Kartoffeln und Süßkartoffeln, gewürzt mit Oliven-Öl, Pfeffer, Salz und Paprika-Gewürz, gebacken bei 200 Grad im Ofen für 15 Minuten.

48

# VEGAN IM INTERNET

**Du möchtest auf den Geschmack von Fleischgerichten nicht verzichten? Gar kein Problem, denn damit bist du nicht allein. Im Internet findest du darum jede Menge Gerichte, die es auch in der veganen Variante gibt. Einfach das gewünschte Essen plus „vegan" in die Suchmaschine eingeben. Zum Beispiel „Gulasch vegan". Du wirst überrascht sein, was es alles zu entdecken und zu erschmecken gibt.**

---

Möchtest du nicht gleich auf veganes Essen umsteigen, tut es auch das Suchen von vegetarischen Alternativen.

# NOTIZEN

# Frisch & sauber

49

Soda lässt weiße Wäsche wieder strahlen: Einfach 1 EL zum Waschmittel geben.

Tipp: Für Wolle und Seide ist Soda nicht geeignet.

SODA

SURIG
Essig-

Du möchtest auch beim Putzen und Waschen auf chemische Reinigungsmittel verzichten? Prima, denn das ist überhaupt kein Problem. Alles, was du dafür brauchst, sind Waschsoda, Kaisernatron, Essigessenz bzw. Essig und reine Zitronensäure. Mit Wasser verdünnt werden daraus hervorragende Allround-Talente für Küche und Badezimmer. Du wirst begeistert sein, wie einfach es ist, sich von den Chemie-Keulen zu verabschieden.

# 50 KALK K.O.

**Küchenspülen werden ruck zuck fleckig und auch Kalk-Ablagerungen machen keinen Halt vor Becken und Ablage. Um unschöne Flecken zu verhindern, kannst du deine Spüle alle paar Tage mit einem selbst gemachten Mix aus Wasser und Zitrone reinigen. Fülle dazu eine alte Sprühflasche (am besten aus Glas) bis zur Hälfte mit Wasser und gib ein bis zwei klein geschnittene Zitronen hinein. Du kannst auch nur die Schalen hineintun. Lass den Mix ein paar Tage ruhen, dann kannst du loslegen, am besten bewaffnet mit einer Bürste.**

---

Bei hartnäckigen Flecken kannst du die Kalkablagerungen auch direkt mit einer halben Zitrone abreiben.

**Alte Geschirrhandtücher und T-Shirts, die du nicht mehr anziehen möchtest, kannst du prima als Putztuch benutzen, sofern sie aus Baumwolle bestehen. Sie sind widerstandsfähig und lassen sich bestens bei 60 Grad in der Waschmaschine reinigen. So sparst du die Anschaffungskosten für Putztücher und vermeidest durch das Einsparen von Papierhandtüchern jede Menge unnötigen Müll.**

---

Alte Shirts am besten in praktische Quadrate zerschneiden, damit du beim Putzen nicht das ganze Shirt in der Hand hast. Wenn du möchtest, kannst du die Ränder mit der Nähmaschine umnähen. Was du aus den Rest-Stücken machen kannst, erfährst du auf Seite 152.

# 51 GIB STOFF, BABY

# 52 WASH VEGAN

Selbstgemachtes Waschmittel ist nicht nur günstig, sondern auch effektiv. Es ist mit Wunsch-Duftnote verfeinerbar und hält rund drei Monate.

40 g vegane Kernseife fein raspeln und mit 4 EL Waschsoda in einer großen Schüssel verrühren.

1 Liter kochendes Wasser zufügen und mit dem Schneebesen umrühren, bis sich die Seife aufgelöst hat. Danach eine Stunde abkühlen lassen.

Nun die Masse erneut verflüssigen, indem du den nächsten Liter kochendes Wasser zugibst und rührst, bis alles wieder schön flüssig ist. Danach erneut abkühlen lassen.

Wenn die Flüssigkeit gelartig wird, gibst du den dritten Liter kochendes Wasser hinzu. Umrühren und nach und nach 3 EL Zitronensäure (vorsicht, schäumt auf) und 10 Tropfen ätherisches Öl nach Wahl zufügen.

Waschmittel kurz abkühlen lassen und dann in einen leeren Waschmittel-Behälter umfüllen. Vor jedem Benutzen kurz schütteln.

Ätherische Duftöle wie Zitrone, Grapefruit, Jasmin oder Lavendel lassen deine Wäsche besonders frisch duften.

53

# FAST WIE NEU

**Backofenreiniger sind zwar höchst wirksam, können aber Hautreizungen hervorrufen und ungesunde Dämpfe entwickeln. Außerdem landet die ganze Chemie hinterher im Abfluss. Eine deutlich umweltfreundlichere Lösung ist Kaiser-Natron©, ein natürliches, ungiftiges Produkt. Einfach 1:1 mit Wasser mischen und auf die verschmutzten Oberflächen im Ofen geben. Danach ein paar Stunden einwirken lassen, abschrubben und nachwischen.**

Lässt auch die Ofentür wieder strahlen.

**Deine Spülmaschine bietet einen idealen Nährboden für Bakterien aller Art. Außerdem vermindern Ablagerungen Reinigungskraft und Lebensdauer des Gerätes. Mit einer gründlichen Reinigung wirkst du dem entgegen. Dazu 8 EL Zitronensäure nach Packungsanweisung auflösen, einen Schwamm darin tränken und den Geschirrspüler damit gründlich aus- und abwischen. Danach 8 EL direkt in der leeren Maschine verteilen und einmal so heiß wie möglich durchlaufen lassen.**

Prozedur 3-4 Mal im Jahr wiederholen.

# 54 ZITRUS-POWER

**Backpulver ist der absolute Geheimtipp unter den Putz-Hausmitteln. Am besten eignet es sich zum Lösen hartnäckiger Verschmutzungen in Töpfen, Pfannen und auf Backblechen. Dazu einfach 3 TL Backpulver und 1 Liter Wasser in das dreckige Gefäß geben und kurz aufkochen. Einwirken lassen, bis sich das Eingebrannte ganz einfach wegwischen lässt.**

---

Du kannst stattdessen auch Soda nehmen. Soda kannst du als Waschsoda oder als reines Soda in jedem Drogeriemarkt im Reinigungsmittel-Regal finden.

# 55

# BLITZBLANK MIT BACKPULVER

# 56

# SELF-MADE-SPÜLI

**Auch Spülmittel kannst du umweltfreundlich selbst herstellen. Alles was du dafür brauchst sind 30 g vegane Kernseife (z. B. Aleppo-Seife aus Oliven- und Lorbeeröl), eine Reibe und 2 TL Natron. Und so geht's: Seife mit einer Küchenreibe in einen Kochtopf hobeln, danach mit 600 ml kochendem Wasser übergießen. Natron dazugeben und unter Rühren darin auflösen. Flüssigkeit in ein leeres Glas oder einen Seifenspender füllen.**

---

Auf besonders hartnäckige, fettige Stellen pure Aleppo-Seife geben.

57

# SCHÖN WEICHGESPÜLT

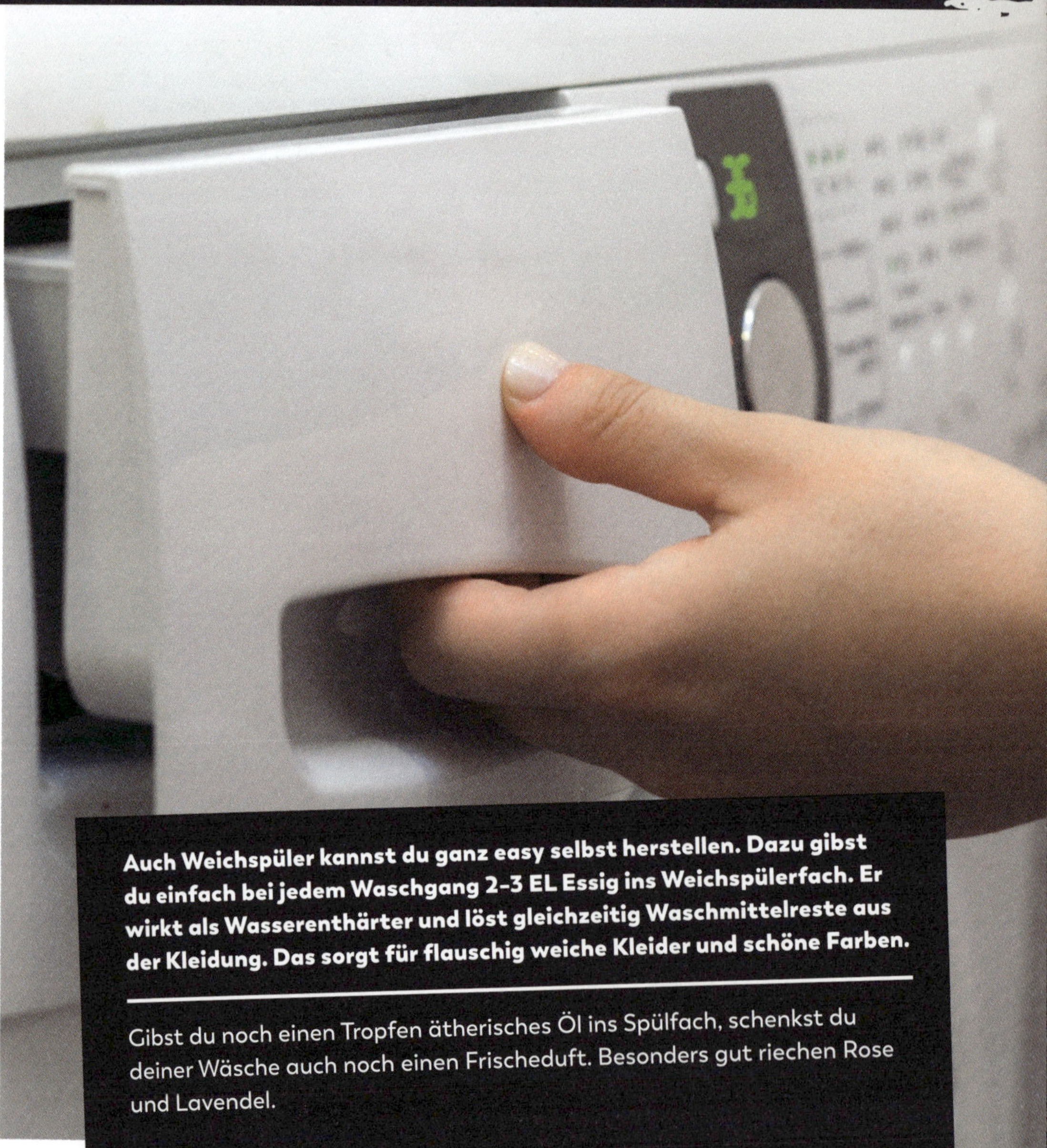

**Auch Weichspüler kannst du ganz easy selbst herstellen. Dazu gibst du einfach bei jedem Waschgang 2–3 EL Essig ins Weichspülerfach. Er wirkt als Wasserenthärter und löst gleichzeitig Waschmittelreste aus der Kleidung. Das sorgt für flauschig weiche Kleider und schöne Farben.**

---

Gibst du noch einen Tropfen ätherisches Öl ins Spülfach, schenkst du deiner Wäsche auch noch einen Frischeduft. Besonders gut riechen Rose und Lavendel.

**Ist dein Abflussrohr verstopft, gibst du einfach 2–3 EL Kaiser-Natron© hinein. Danach gießt du 150 ml Essig hinterher. Eine Stunde einwirken lassen und danach gut durchspülen, am besten mit heißem Wasser.**

---

Hast du kein Natron zur Hand, kannst du stattdessen auch 3–4 EL Soda-Pulver verwenden.

# 58 ROHR FREI

Aus Zitrusfrüchten und Essigessenz kannst du einen effektiven, umweltfreundlichen Allzweckreiniger herstellen.

Schäle ein paar Zitrusfrüchte deiner Wahl, zum Beispiel Zitronen, Orangen oder Grapefruits.

Nun gibst du die Schalen in ein großes Einmachglas mit Schraubdeckel

# 59 ALLROUND-TALENT

**Fülle das Glas mit Essigessenz und Wasser 1:1 auf und lass es danach zwei Wochen lang ruhen.**

**Danach gießt du das Ganze durch ein Sieb und verdünnst es noch mal 1:1 mit Wasser.**

**Nun gießt du die doppelt verdünnte Essigessenz mithilfe eines Trichters in eine leere Sprühflasche und legst los.**

**Natursteinböden, Gummi und Silikon sind kein Fan von diesem Reiniger. Wenn du unsicher bist, ob Böden & Co. den Reiniger vertragen, testest du ihn am besten erstmal an einer unauffälligen Stelle.**

60

# KEIMFREI

**Auch Kaffeemaschinen möchten regelmäßig gereinigt werden, damit Cappuccino, Espresso & Co. auch weiterhin gut schmecken und vor allem ohne Keime serviert werden. Statt teurer Entkalker und Reiniger kannst du auch hier umweltfreundliche Zitronensäure verwenden. Einfach 1–2 EL in Wasser auflösen, in die Maschine füllen und ganz normal durchlaufen lassen. Zweimal nachspülen und alle Teile noch einmal separat mit heißem Wasser abwaschen.**

---

Funktioniert auch bei Pad-Maschinen.

**Mit etwas Natron kannst du Polstermöbel und Teppiche von fiesen Gerüchen befreien und sie gleichzeitig desinfizieren. Einfach auf den Stoff streuen und über Nacht einwirken lassen. Am nächsten Tag absaugen. Zum Entfernen von Flecken Pulver mit einem nassen Schwamm einarbeiten und über Nacht einwirken lassen.**

---

Klappt auch bei Matratzen!

# 61 ECHT DUFTE!

**Damit Wasserkocher ein langes, glückliches Leben führen können, solltest du auch dieses Gerät regelmäßig säubern. Statt teuren chemischen Reinigern gibst du einfach einen 1:1-Mix aus Essig und Wasser hinein. Im Wasserkocher erhitzen, ein paar Minuten einwirken lassen und gut mit klarem Wasser ausspülen.**

Fenster öffnen und nicht direkt über das Gerät beugen.

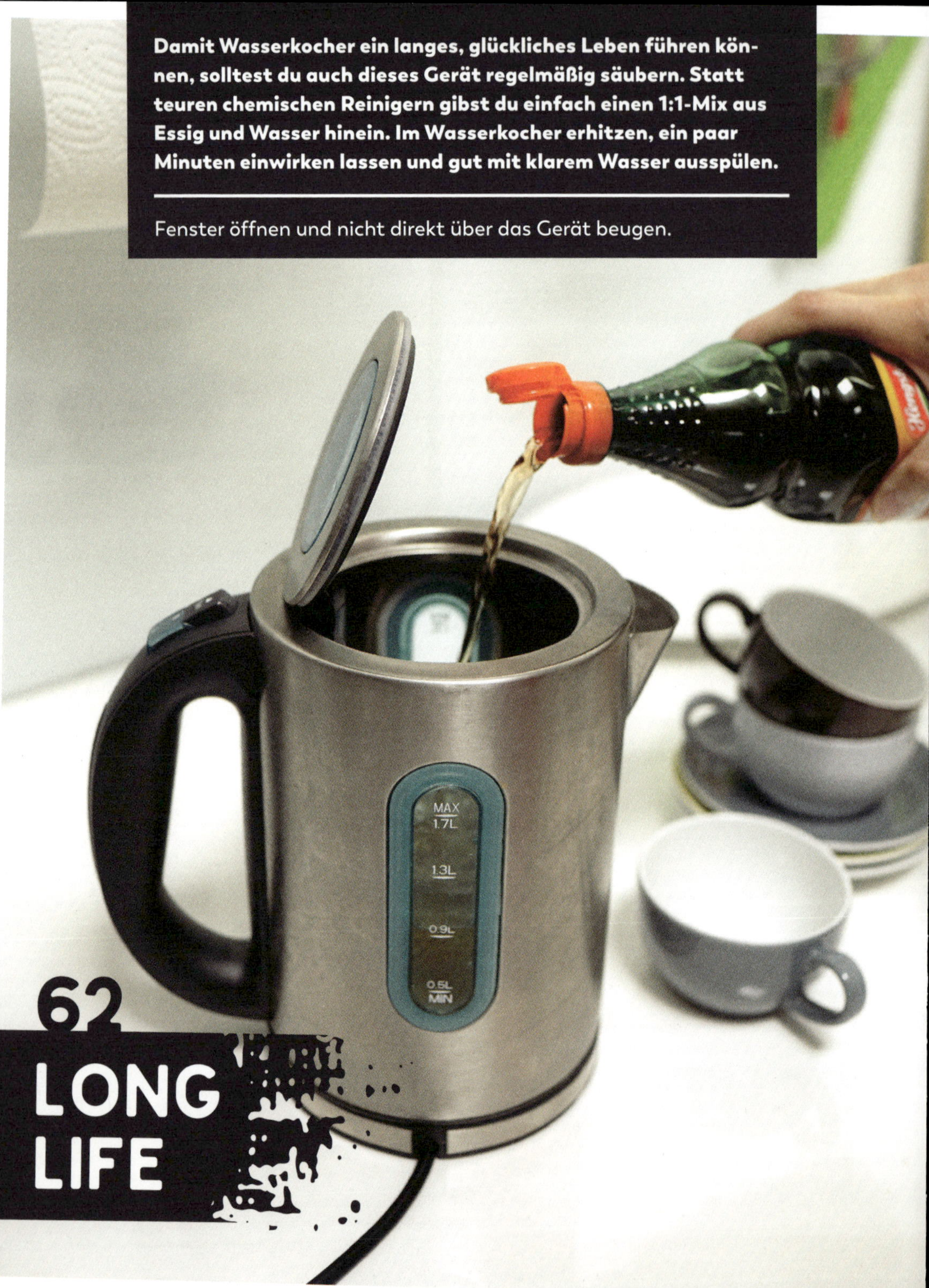


# 62 LONG LIFE

# 63 MAGISCHER KAFFEESATZ

**Auch von Scheuermilch kannst du dich in Zukunft getrost verabschieden. Statt der Chemie-Keule verwendest du ab jetzt einfach deinen Kaffeesatz, um Grillrost, Pfannen und Töpfe zu reinigen.**

---

Auch Blumenvasen werden mit Kaffeesatz wieder schön sauber. Einfach 2 TL ins Gefäß geben, mit heißem Wasser übergießen und für 2 Std. stehen lassen.

# FRUCHTIG FRISCH

**Mikrowellen lassen sich nur ungern blitzeblank schrubben. Schnell und einfach geht es mit Zitronen. Schneide dazu eine Zitrone in Scheiben, lege sie in eine Schüssel mit Wasser und erhitze diese für 3 Minuten auf höchster Stufe. Der Dampf hat es in sich und löst die Verschmutzungen im Nu auf.**

---

Finger weg von Fertig-Produkten. Sie enthalten jede Menge Geschmacksverstärker und sind meist von Kopf bis Fuß in Plastik gehüllt. Gegen das Erwärmen von Gemüse und Co. spricht laut neuestem Stand der Forschung jedoch nichts.

# 65

# DOPPEL-P: PUTZEN MIT PASTA

**Es klingt skurril, funktioniert aber wunderbar: Gieße dein gesalzenes Nudel-Wasser nach dem Kochen nicht in den Ausguss, sondern in eine leere Milch-Flasche. Nach dem Abkühlen nimmt es dann eine milchige, geleeartige Konsistenz an. Je weniger Kochwasser, desto dickflüssiger wird das Ganze. Dieses Gelee kannst du nun beim nächsten Abwasch auf besonders fettige und verkrustete Stellen auftragen. Kurz einwirken lassen und danach ganz einfach abwaschen.**

---

Danach mit klarem Wasser nachspülen. Sonst ersetzt du Fett- mit Stärke-Flecken.

**WC-Duft-Steine belasten das Abwasser und können die Schleimhäute reizen. Zudem haben sie nur eine minimale Duft- und Reinigungswirkung. Deutlich umweltfreundlicher ist es, wenn du einfach ein paar übrig gebliebene Orangenscheiben auf die warme Bad-Heizung stellst.**

---

Nach großen Geschäften ein Streichholz anzünden und abbrennen lassen. Es vertreibt unschöne Gerüche im Nu.

# 66 HEISSE ORANGE

67

# AUF SIEGEL ACHTEN

**Wer seine Reinigungsmittel nicht selbst herstellen möchte, sollte beim Kauf auf Produkte mit Eco-Garantie, Ecocert-Siegel oder EU-Umweltzeichen achten. Dabei handelt es sich um Mittel, die aus größtenteils natürlich nachwachsenden Rohstoffen gefertigt wurden, die gentechnikfrei und gut abbaubar sind. Auch gut: die Tierschutz-Zeichen Leaping Bunny und Hase mit schützender Hand. Sie garantieren die Tierversuchsfreiheit der Produkte. Die Veganblume garantiert zudem, dass keine tierischen Bestandteile enthalten sind.**

# NOTIZEN

**AHA!**

Laut Umweltbundesamt fließen jährlich rund 630.000 Tonnen Chemikalien aus Wasch- und Reinigungsmitteln ins Abwasser – und zwar allein aus privaten Haushalten. Dazu kommen noch all die Chemikalien, die aus Fabriken und Industrie ins Abwasser geleitet werden.

Das Problem: Die enthaltenen Chemikalien, Farb- und Duftstoffe, antibakteriellen Zusätze, optischen Aufheller & Co. können von den Kläranlagen nur teilweise abgebaut werden und fließen mit dem geklärten Wasser wieder raus in unsere Gewässer – und damit letztendlich zurück in unser Trinkwasser. Je weniger Reinigungsmittel wir verwenden, desto besser also für uns und unsere Umwelt.

# Haus & Heim

Kaputte Schuhe kannst du zum Blumentopf umfunktionieren. Einfach Sukkulenten oder Blümchen hineinsetzen. Sieht toll aus vor der Haustür.

68

Hier erfährst du, wie du aus altem Krimskrams, Büchern, CDs und Gläsern wunderschöne und vor allem praktische Dinge für Haus und Garten fertigen kannst – vom schicken Zeitschriften-Tisch bis zur Futterstation für deine Garten-Piepmätze.

Klebst du einen Aufkleber an deinen Briefkasten mit der Aufschrift „Bitte keine Werbung“, erhältst du in Zukunft keine nervigen Werbeprospekte mehr und ersparst dir einen riesigen Berg an Papiermüll – und Plastik, denn meistens sind die Prospekte auch noch überflüssigerweise in Folie eingeschweißt.

# 69 BITTE KEINE WERBUNG

# 70
# AUF E-MAIL UMSTELLEN

**Egal ob Bank oder Stromanbieter – die meisten Firmen bieten mittlerweile an, Postsendungen auf E-Mail umzustellen. Kontoauszüge, Kreditkartenabrechnungen und Rechnungen kannst du so ganz bequem digital abspeichern und dir damit jede Menge Papierkram sparen.**

# 71 ZUGLUFT-STOPP

**Wenn Türen und Fenster nicht ganz dicht sind, geht schnell Wärme verloren und du musst mehr heizen. Mit einem Zugluft-Stopper schaffst du Abhilfe. Am einfachsten kannst du diesen aus einer alten Jeans basteln. Dazu schneidest du einfach ein Hosenbein ab, nähst das obere Ende zusammen, füllst das Bein mit Füllwatte und nähst es unten ebenfalls zu. Nun musst du den Stopper nur noch vor den Spalt legen und verhinderst so den Luftzug.**

---

Statt Füllwatte kannst du auch Hirsespelze, Maiskörner oder Reiskörner verwenden.

**Aus einem nicht mehr benötigten Tischtuch kannst du mit ein wenig Aufwand wunderschöne Stoffservietten machen. Schneide das Tuch dazu in so viele Quadrate wie möglich, ca. 32 x 32 cm groß, und nähe die Quadratränder etwa 1 cm breit um. Die Servietten kannst du nun bei jedem Familienfest verwenden und nach Benutzung einfach in der normalen Wäsche mitwaschen. So sparst du jede Menge Papier-Müll, der bei der Verwendung von Motiv-Servietten entstanden wäre.**

---

Mit einem selbstgemachten Servietten-Ring kommen die Servietten noch schöner zur Geltung. Wie wäre es zum Beispiel mit einem Gardinenring aus Holz, einem alten Armreifen oder einem schönen Zopfband?

# 72 TISCHKULTUR

73

# LICHT IM GLAS

**Leuchten, bei denen man die Glühlampen sehen kann, liegen voll im Trend. Aus großen, leeren Einmachgläsern mit Schraubdeckel kannst du diese ganz einfach selbst herstellen und vermeidest auch noch Glas-Müll.**

1

**Lege ein 2-Euro-Stück mittig auf den Deckel und zeichne eine Linie drumherum.**

**Nun legst du den Deckel auf eine nagelfeste Unterlage, hältst ihn gut fest und schlägst mithilfe von einem Nagel und einem Hammer Löcher entlang der Linie in den Deckel, je näher, desto besser. Danach kannst du die Mitte mithilfe eines Messers aus dem Deckel brechen.**

**Jetzt kannst du eine LED-Glühbirne ganz einfach durch das Loch stecken und auf der anderen Seite in eine Lampenfassung drehen.**

**Zum Schluss drehst du den Deckel wieder aufs Einmachglas.**

# 74

# RETRO-STÄNDER

**Kassetten aus Kinder- und Jugendtagen solltest du auf keinen Fall entsorgen, denn dafür gibt es auf Flohmärkten oder auf Online-Marktplätzen jede Menge Abnehmer. Nicht wegwerfen solltest du außerdem die Kassettenhüllen, denn sie eignen sich hervorragend als Smartphone-Ständer. Einfach umdrehen und dein Telefon hineinstellen.**

---

Die Hülle macht sich auch gut als stylisches Portemonnaie oder als Aufbewahrungsort für EC-Karten & Co. Allerdings musst du beim Öffnen vorsichtig sein, damit nichts herauspurzelt.

# 75 BÜCHER-TISCH

Alte Bücher kannst du prima auf dem Flohmarkt verkaufen – oder ihnen via Upcycling ein zweites Leben schenken. Einen coolen Beistelltisch kannst du anfertigen, indem du alte Bücher leicht versetzt aufeinander stapelst. Zum Schluss stellst du einfach ein Tablett oder ein altes Holzbrett oben drauf – fertig.

**Du hortest noch jede Menge alte Zeitschriften? Dann ab in den Papiermüll damit. Exemplaren mit starkem Rücken und festem Papier kannst du aber auch ein zweites Leben schenken – und zwar als Beistelltisch. Falte die Hefte zur Mitte hin auf. Stelle die Magazine Rücken an Rücken und leg ein altes Holzbrett oder eine hübsche Schale darauf, die du nicht mehr benötigst.**

Schau deine alten Zeitschriften vor dem Wegwerfen noch nach schönen Werbeanzeigen durch. Wenn du sie faltest, wie auf Seite 268, kannst du daraus bei der nächsten Party noch coole bunte Girlanden machen.

# 76 PAPIER-TISCH

77

# HELLES LEUCHTEN

**Kerzen sind romantisch, vor allem wenn sie auf Gartenfesten Tische, Buffet und Bar bis tief in die Nacht erleuchten. Statt Teelichtern nimmst du am besten Stumpenkerzen, sie sind ergiebiger und standfester. Außerdem entsteht am Ende kein Müll. Stell sie jedoch sicherheitshalber in leere Schraubgläser, damit Servietten und Hemdärmel kein Feuer fangen.**

---

Gläser mit alten Stoffstreifen umwickeln und eine Schleife binden.

# 78 MINI-VASEN

**Egal ob Gurken, Kapern oder Spargel: aus leeren Schraubgläsern lassen sich wunderschöne Vasen für die Gartenparty im Sommer machen – sofern du sie nicht zum Aufbewahren von Nudeln, Reis & Co. benötigst.**

---

Unterschiedlich große Vasen in Grüppchen aufstellen.

# 79 BELESENER BLOCK

**Dieser coole Messerblock bringt Farbe in die Küche, rettet alte Bücher vor dem Müll und lässt sich ganz einfach nachbauen. Dazu einfach 3–4 dicke, stabile Bücher nebeneinander aufstellen und mehrmals fest mit Paketschnur umwickeln. Nun kannst du den Block in Herdnähe aufstellen und deine Messer zwischen den Seiten platzieren.**

---

Messerblock außerhalb der Reichweite von Kindern und Haustieren aufstellen.

## 80

# BÜCHERREGAL

**Ein Regal kannst du auf die gleiche Art und Weise bauen wie den Tisch auf Seite 107. Staple einfach 5–8 Bücher, die du nicht mehr lesen möchtest und die ungefähr gleich dick sind, aufeinander und lege ein Regalbrett darauf. Danach kommt die nächste Schicht Bücher und ein weiteres Regalbrett. Wenn deine Wunschhöhe erreicht ist, kannst du das Regal füllen.**

**Der CD-Player wurde längst aussortiert, aber deine ganzen CDs liegen noch immer zu Hause im Regal und verstauben? Im Garten finden sie einen neuen Nutzen, und zwar als Vogelschreck fürs Gemüsebeet. Einfach hier und dort in die Gemüsebeete hängen, dann halten die Piepmatze Abstand.**

---

CDs auch ins Hochbeet stecken.

# 81 VOGELSCHRECK

# 82 FUTTER-STATION

**Mit wenigen Handgriffen machst du aus einer leeren 1,5-Liter-Plastikflasche und zwei alten Holzlöffeln eine coole Vogelfutter-Station. Bohre bzw. schneide dazu je zwei gegenüberliegende Löcher in die Flasche, das eine tiefer als das andere. Durch die Löcher steckst du nun je einen Kochlöffel und füllst die Flasche mit Vogelfutter. Danach kannst du ein Seil am Flaschenhals befestigen und die Futter-Station in die Baumkrone oder an einen stabilen Ast hängen.**

Bringe die Flasche so an, dass Katzen nicht herankommen und einen der Vögel erwischen können.

83

# SCHNECKEN-SCHUTZ

**Je regnerischer das Gartenjahr, desto größer die Schneckenschäden. Pflanzt du Bohnenkraut und Kamille um dein Gemüsebeet herum, schreckst du die Schnecken jedoch – mit Glück – ab. Um besonders schutzbedürftige Pflanzen streust du Kaffeesatz. Wichtig: Auf keinen Fall Schneckenkorn verwenden, denn das Gift gefährdet auch Nützlinge, Haustiere und Menschen.**

---

Verstecke anbieten, denn Schnecken suchen tagsüber gerne Schutz unter feuchten Holzbrettern, Pappe oder in nassen Säcken. Legst du sie im Garten aus, kannst du die Tiere am nächsten Morgen absammeln und im Wald aussetzen.

# 84 TRAUER-MÜCKEN

**Die kleinen Fieslinge siedeln sich vor allem in feuchten Blumentöpfen von Jungpflanzen an. Dagegen helfen Streichhölzer, die kopfüber in die Erde gesteckt werden. Ihr Schwefelanteil tötet die Larven ab.**

---

Auch gut: Erdoberfläche mit Vogelsand bedecken.

**Blattläuse sind ein altbekanntes Übel im Garten. Möchtest du deinen Pflanzen nicht schaden, sprühst du sie am besten mit einem konzentrierten – aber ganz natürlichen – Brennnesselsud ein. Dazu pflückst du 1 kg Brennnesseln, zupfst die Blätter klein und gibst sie in einen Eimer mit 5 l kaltem Wasser. 12–24 Std. ziehen lassen, Blätter abseihen und mit einer Sprühflasche auf die Pflanzen sprühen.**

---

Handschuhe anziehen, damit dich das brennende Grünzeug nicht an der Haut erwischt.

# 85 BLATTLAUS-STOPP

**Entdeckst du einen weißen, mehligen Belag auf den Blättern deiner Pflanzen, könnten deine Pflanzen unter Mehltau-Pilz leiden. Dagegen hilft ein 1:8-Mix aus Milch und Wasser. In eine leere Sprühflasche geben und alle befallenen Pflanzen damit behandeln.**

Befallene Blätter vorher abschneiden und im Restmüll entsorgen.

# 86 ADIOS MEHLTAU

# 87 ASTREIN

**Gartenabfälle wie Laub, Strauchschnitt, Äste und trockener Rasen auf den Kompost, in die Biotonne oder zu Grünabfallsammelstellen geben. Auf keinen Fall verbrennen, denn dabei entstehen Schadstoffe und Feinstaub. Auf den Kompost gehören übrigens auch Schnittblumen, Obstreste, Gemüseabfälle, Brotreste und Eierschalen. Nicht geeignet: kranke Pflanzen, Papier, Fleisch- und Knochenreste, behandeltes Holz, Kunststoff, Glas, Metall, Asche, Katzenstreu, Fäkalien.**

---

Komposter kannst du im Gartenmarkt kaufen.

# NOTIZEN

**AHA!**

Das Thema Nachhaltigkeit liegt dir am Herzen, aber du möchtest nicht gleich deinen kompletten Haushalt umschmeißen? Das ist total okay, denn schon die kleinsten Gesten haben eine riesige Wirkung. Versuche zum Beispiel, all deine Habseligkeiten möglichst lange zu benutzen, statt sie wegzuwerfen. Investiere auch ruhig mal ein bisschen Zeit, wenn das eine oder andere kaputt geht. Wenn du Unterstützung brauchst, findest du in Repair-Cafés Hilfe von Bastlern. Wenn ein Profi ran muss, lohnt sich der Weg zum Schuster, in die Änderungsschneiderei oder zum Elektro-Fachmann. Denk immer dran: Mit jeder noch so kleinen Veränderung reduzierst du deinen ökologischen Fußabdruck und setzt dich für eine bessere Welt ein – und das spielend einfach.

# Energie & Ressourcen

88 Die Innenraumbeleuchtung macht ca. 10-15% deiner Stromrechnung aus. Mach also immer das Licht aus, wenn du einen Raum verlässt.

Egal ob Wasser oder Strom – auf den folgenden Seiten bekommst du jede Menge Input, wie du zu Hause und im Büro Energie und Geld sparen kannst. Außerdem steht korrekte Mülltrennung und Entsorgung von Altglas, Papier, Batterien und Elektroschrott auf dem Programm.

## 89

# GELIEBTE LEISTE

**Das Steckerziehen ist immer noch das zuverlässigste Mittel zum Stromsparen. Denn selbst wenn deine Haushaltsgeräte im Standby-Modus sind, verbrauchen sie weiter sinnlos Strom. Das erkennst du zum Beispiel daran, dass noch ein kleines Lämpchen leuchtet oder das Netzteil warm bleibt. Automatische Stromspar-Steckerleisten schaffen Abhilfe. Sie erkennen Geräte im Standby-Modus und nehmen sie automatisch und umgehend vom Netz. Im Jahr sparst du damit locker – je nachdem wie viele Geräte du besitzt – zwischen 50 und 100 Euro.**

---

Auch Steckdosenleisten mit Kippschalter sind gut geeignet, um Strom zu sparen – allerdings nur, wenn du den Schalter auch betätigst. Am besten positionierst du die Leiste an einem gut sichtbaren Ort, damit du auch daran denkst.

# 90 BIRNE AUS

**Dauerhafte Beleuchtung ist nicht nur umweltunfreundlich, sondern auch teuer. Möchtest du diesen Kostenpunkt senken, solltest du also immer das Licht ausmachen, wenn du Räume verlässt, in denen du dich nicht lange aufhältst, oder gar deine Wohnung. Dazu gehören idealerweise auch Lichterketten und Außenbeleuchtung, auch wenn es schön aussieht.**

**Sortiere deine Glühbirnen nach und nach aus und steig auf LED-Lampen um. Sie sind in der Anschaffung zwar etwas teurer, aber in Herstellung, Lebensdauer und Stromverbrauch die deutlich bessere Wahl. Energiesparlampen sind auch eine Alternative zu Glühbirnen. Doch diese enthalten das Gift Quecksilber, das bei hoch konzentrierter Freisetzung schädlich für Mensch und Tier ist. Zerbricht dir eine solche Birne, solltest du erstmal 15 Minuten lüften und die Scherben danach mit Handschuhen entsorgen. Keinen Staubsauger verwenden! Mini-Scherben mit Klebeband auftupfen. Danach alles bei einer Sammelstelle entsorgen.**

---

Abgabestellen für Energiesparlampen findest du online auf lightcycle.de.

# 91 UND TSCHÜSS

92

# WASSER (HALB-)MARSCH

**Sobald wir den Warmwasser-Hahn aufdrehen, verbrauchen wir Energie – egal ob der Erhitzer nun mit Strom, Gas oder Öl arbeitet. Im Schnitt verbrauchen wir pro Kopf pro Tag außerdem um die 40 bis 45 Liter Wasser für die Körperpflege – eine ganze Menge. Wenn du Wasser und Energie sparen möchtest, hilft es schon, die Duschzeit auf maximal fünf Minuten zu beschränken. Am besten verwendest du außerdem eine Wassersparbrause. Damit verringerst du die Wassermenge beim Duschen um die Hälfte und sparst im Jahr um die 200 Euro.**

---

Wenn du das Wasser beim Einseifen, Einshampoonieren, Zähneputzen und Rasieren abstellst, sparst du nochmal ein paar Liter Wasser.

Eine halbvolle Waschmaschine verbraucht genauso viel Strom und Wasser wie eine volle Maschine. Wasche deine Kleidung darum erst, wenn die Trommel auch voll ist. Bei der Temperatur solltest du dich so oft wie möglich für 30-Grad-Wäschen (im Sparprogramm) entscheiden. Bei Bettwäsche, Handtüchern, Putzlappen und Baumwoll-Unterwäsche nimmst du das 40-Grad-Programm. Früher hat man diese Sachen bei 60 Grad gewaschen, das ist heutzutage aber nicht mehr nötig, denn auch die Waschmaschinen haben sich weiterentwickelt.

---

Wäschst du bei 40 Grad statt bei 60 Grad, sparst du 50 Prozent Strom ein.

# 93
# 40 STATT 60

**Wenn du dein (Nudel-)Wasser auf dem Elektroherd aufsetzt, dauert es ewig, bis das Wasser kocht. Im Wasserkocher geht es doppelt so schnell. Und das Tolle: Mit dem Wasserkocher sparst du nicht nur Zeit, sondern auch Energie – und zwar rund 50 Prozent.**

---

Wie du den Wasserkocher entkalkst, damit er effektiv arbeitet, erfährst du auf Seite 88.

# 94 ZEIT UND STROM SPAREN

**Welche Temperatur sollte man eigentlich bei Kühltruhe und Kühlschrank einstellen? Im Prinzip reichen minus 17 Grad bei der Truhe und 7 Grad beim Kühlschrank. Wichtig ist außerdem, dass du den Kühlschrank nicht neben warme Orte wie Heizung und Spülmaschine stellst, denn dann muss er mehr arbeiten. Außerdem solltest du ihn etwas von der Wand abrücken, damit der Rückkühler richtig arbeiten kann.**

---

Kühlst du bei 7 Grad statt bei 5 Grad, sparst du rund 20 kg $CO_2$ im Jahr.

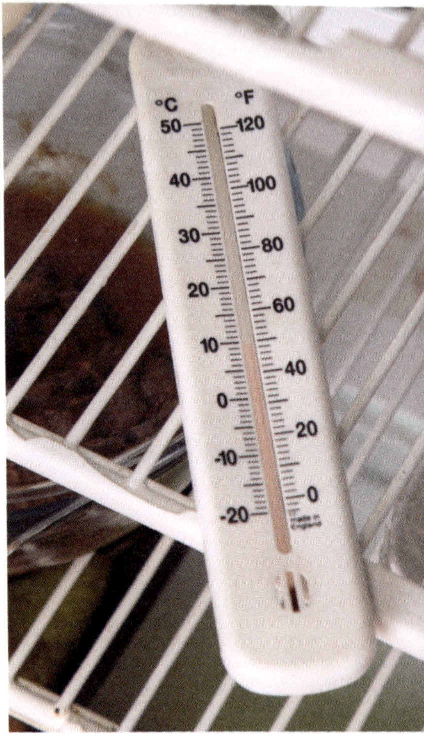


# 95

## -17 +7

# 96 RESTWÄRME NUTZEN

**Schalte Herdplatte und Ofen 15 Minuten vor Ende der Garzeit aus und verlass dich auf die Restwärme. Dadurch sinkt der Stromverbrauch um rund 20 Prozent.**

Entscheide dich beim Neukauf für einen Induktionsherd. Er ist am effizientesten.

# 97 ALLES AUS

**Nicht nur zu Hause tragen wir die Verantwortung fürs Stromsparen, sondern auch im Büro. Schalte Schreibtischleuchte & Co. nur ein, wenn du sie wirklich benötigst, und kontrolliere auch die Leuchten deiner Kollegen vor dem Heimfahren.**

---

Achte darauf, deinen Computer nach Feierabend auszuschalten. Oft laufen die Kisten die ganze Nacht, am Wochenende und im Urlaub im Stand-by-Modus.

# 98 COOL DOWN

**Auch bei der Zimmertemperatur sparst du jede Menge Heizenergie, wenn du die Temperatur in allen Wohnräumen um 1-2 Grad senkst – und zwar 10–15 Prozent. Am Tag liegt unsere Wohlfühltemperatur bei 18–23 Grad und nachts bei 15–18 Grad. Wenn du nicht zu Hause bist, sollten alle Heizungen ausgestellt sein. Im Winter macht es jedoch Sinn, durchgängig auf niedriger Stufe zu heizen, damit die Leitungen in der Wand nicht gefrieren und die Rohre nicht platzen.**

---

Wenn du deine Raumtemperatur nicht kennst, hilft ein elektrisches Thermometer beim Messen und Kontrollieren.

**Auch die Herstellung von Papier belastet die Umwelt, denn sie benötigt viel Holz, Energie und Wasser. Setze beim Papier-Kauf darum am besten auf Recycling-Papier, denn es wird zu 100 Prozent aus Altpapier gewonnen. Und keine Sorge, von Klopapier bis Druckerpapier ist mittlerweile fast alles in der umweltfreundlichen Variante erhältlich.**

---

Bedrucke dein Papier beidseitig. Auch gut: Die Verkleinerungsfunktion. Damit druckst du zwei Seiten auf ein Blatt.

# 99 RECYCLING-PAPIER

**Auch Glas kann recycelt und zu neuem Glas verarbeitet werden. Altglas sollte darum ebenfalls richtig entsorgt werden. Grundsätzlich werden nur Flaschen und Konservengläser im Altglas-Container entsorgt, Porzellan, Keramik, Fensterglas & Co. nicht. Wichtig: Sortiere das Glas ordnungsgemäß nach Farben, damit weniger Ausschuss entsteht. Mehrwegflaschen gehören nicht ins Altglas, sondern in die Pfandrückgabe.**

---

Schraubdeckel vorher entfernen.

# 100 GLASENTSORGUNG

101

# PAPIER ENTSORGEN

**Papier ist ein wertvoller Rohstoff und sollte richtig entsorgt werden, damit es optimal recycelt werden kann. Das Umweltbundesamt empfiehlt folgende Entsorgung:**

**Altpapier:**

- Zeitungen, Zeitschriften
- Bücher
- Papier, Kartons und Pappe
- Geschenkpapier
- Verpackungen aus Papier, Pappe und Karton
- Eierkartons

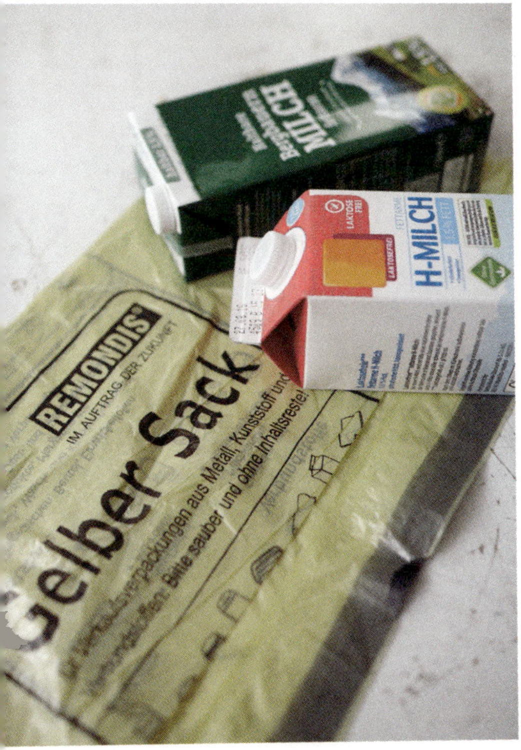


**Gelber Sack:**

Getränkekartons

**Restmüll:**

- Tapete
- Kassenzettel
- Fahrkarten
- Geleimte, imprägnierte, lackierte Papiere
- Post-its
- Adressetiketten
- Briefumschläge mit Selbstklebeverschluss

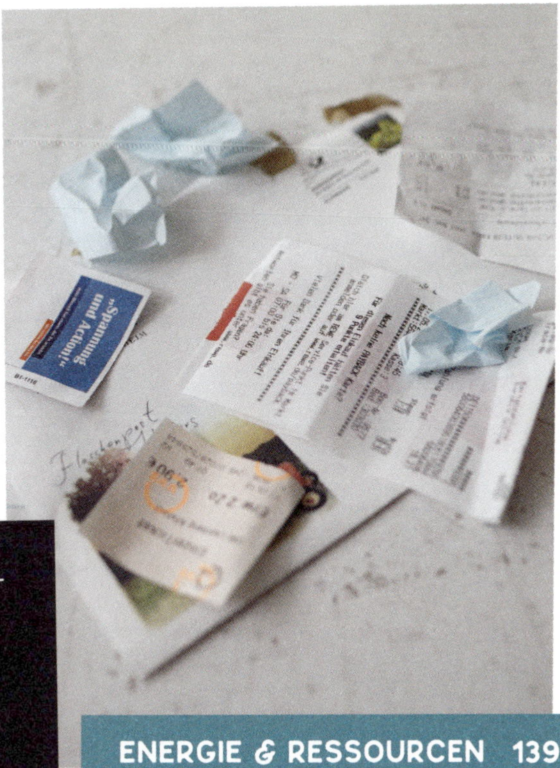


Du solltest außerdem auf die Entsorgungsregeln deiner Gemeinde achten. Wie du gebrauchtem Papier ein zweites Leben schenkst, erfährst du im Kapitel Zero Waste & Upcycling.

**Batterien werden unter großem Energieaufwand hergestellt. Nicht wiederaufladbare Batterien sind darum äußerst ineffizient. Wer nicht auf Batterien verzichten kann, sollte auf Akkus setzen, die immer wieder neu aufgeladen werden können. Achte beim Kauf auf LSD-NiMH-Akkus, die auch als vorgeladene Akkus oder Akkus ohne Selbstentladung bekannt sind. Noch besser: Netzbetriebene oder solarbetriebene Geräte verwenden.**

Batterien gehören nicht in den Hausmüll, sondern in die Batterie-Sammelboxen im Handel, die meist im Supermarkt an der Kasse zu finden sind. Auch Wertstoffhöfe nehmen sie an. So hältst du die giftigen Schadstoffe aus Müll und Umwelt fern und ermöglichst gleichzeitig eine optimale Rückgewinnung wertvoller Stoffe wie Stahl, Zink und Nickel.

# 102 BATTERIEN

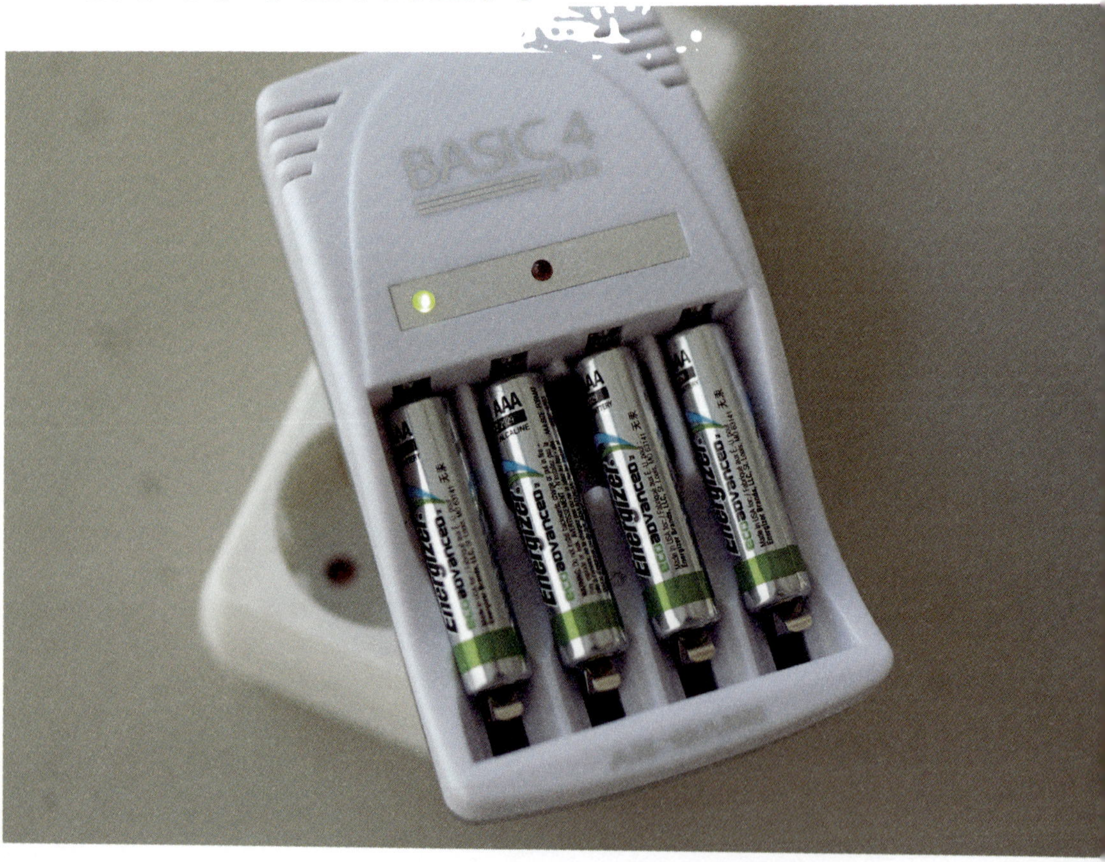

# 103 SCHROTT-STOPP

**Für die Produktion von Smartphones werden wertvolle Edelmetalle und seltene Erden benötigt, dazu kommen ein extrem hoher Energieaufwand und schlechte Produktionsbedingungen. Mit jedem Telefon, das als Elektroschrott auf dem Wertstoffhof landet, war aber all das für die Katz. Darum: Entscheide dich gegen den jährlichen Neukauf und behalte dein Smartphone, bis es den Geist aufgibt. Und auch dann könnte sich noch eine Reparatur lohnen.**

---

Mittlerweile gibt es auch fair produzierte Smartphones. Sie versuchen u. a. auf Rohstoffe zu verzichten, die aus Regionen stammen, in denen Ausbeutung und Bürgerkriege herrschen.

104

# GREENWASHING

**Viele Unternehmen versuchen ihren Produkten ein grünes Image zu verleihen. Einige tun es zu Recht, andere nicht. Bleib darum immer kritisch und informiere dich über die Produkte, die damit werben, „umweltfreundlich" zu sein, vor allem, wenn du weißt, dass die Konkurrenz im selben Segment ganz und gar nicht umweltfreundlich unterwegs ist. Häufig ist es nämlich so, dass nur ein kleiner Aspekt des Produktes nachhaltig ist, während der Rest das genaue Gegenteil ist.**

---

Sei auch bei den Labels und Siegeln aufmerksam. Auch diese sind oft nur Teil einer Marketing-Strategie.

**Achte bei der Wahl deines neuen Gefährts unbedingt auf den Kraftstoffverbrauch, denn die $CO_2$-Emissionen hängen davon ab. Pro Liter Benzin werden zum Beispiel 2,33 kg $CO_2$ freigesetzt, bei Diesel sind es 2,65 kg $CO_2$. Ansonsten gilt: Je größer die Zusatzausstattung, desto größer der Treibstoffverbrauch. Die Klimaanlage ist der größte Spritfresser, aber auch elektrische Fensterheber & Co. zählen dazu. Darum bei der Wahl der Gadgets nur einbauen lassen, was du wirklich brauchst.**

---

Wenn du dein Auto nicht täglich benötigst, kannst du auf Car-Sharing-Angebote ausweichen. Dabei teilst du das Auto mit Freunden, Nachbarn, Kollegen oder über einen Anbieter, zum Beispiel in Großstädten.

# 105 AUGEN AUF BEIM AUTOKAUF

106

# LANGES LEBEN

**In Smartphones, Laptops und Kameras stecken in der Regel nicht recycelbare Lithium-Ionen-Akkus, die gut gepflegt werden wollen, damit sie eine möglichst lange Lebensdauer haben. Achte darum darauf, dass du deinen Akku nicht bei Temperaturen über 40 °C liegen lässt, zum Beispiel im Auto im Sommer. Auch wichtig: Aufladen, bevor der Akku bei 0 Prozent ist, am besten bei 20 bis 30 Prozent, und nicht zu 100 Prozent aufladen. Besser sind 90 Prozent.**

Wenn sich dein Auto seinem Lebensabend nähert, solltest du es verkaufen oder verschrotten lassen. Wenn es noch betriebsbereit ist und nur geringfügige Reparaturen benötigt, Motor und Achse nicht beschädigt sind, kannst du es als Gebrauchtwagen weiterverkaufen. Wenn deine Karre wirklich hinüber ist, große Schäden oder einen Totalschaden hat, solltest du es ordnungsgemäß verschrotten, aber nur bei einem anerkannten Altfahrzeug-Demontagebetrieb oder einer Annahmestelle für Altfahrzeuge. Durch eine sachgerechte Entsorgung können Wertstoffe wie Stahl und Kupfer wiederverwendet werden und umweltgefährdende Substanzen, wie Bremsflüssigkeiten, Öle und Blei, entsorgt werden.

---

Verkaufe keine Autowracks weiter, sondern nur wirkliche Gebrauchtwagen.

# 107 ALTE KARRE

# NOTIZEN

**AHA!**

Beziehst du Ökostrom, unterstützt du die Energiewende und setzt dich aktiv gegen gefährliche Atomkraft und klimaschädliche Kohleenergie ein. „Sauberer“ Strom wird hingegen aus erneuerbaren Energien gewonnen,
wie Sonnenenergie, Wind- und Wasserkraft.

**Aber Vorsicht:** Viele Ökostromanbieter stehen in eigentumsrechtlichen Verbindungen zu großen Atomkonzernen. Der Strom ist dann zwar aus regenerativen Quellen gewonnen, doch dein Geld fließt direkt in die Kassen der Unternehmen, die weiterhin in Atomenergie und Kohlekraftwerke investieren.

# Gesundheit & Kosmetik

Schmilzt du 15 g Sheabutter, 15 g Kakaobutter und 15 g Kokosöl über einem Wasserbad, wird daraus ein toller Lippenbalsam. In einem Bonbon-Döschen im Kühlschrank aushärten lassen. 108

Wusstest du, dass du Makeup-Entferner, Deo und Massageöl ohne Probleme selbst herstellen kannst? Absolute Geheimtipps unter den DIY-Kosmetika sind Kokosöl und Sheabutter. Sie pflegen die Haut reichhaltig und vor allem ohne zweifelhafte Inhaltsstoffe.

**Aus alten T-Shirts lassen sich nicht nur Putzlappen herstellen, sondern auch hervorragende Reinigungspads, die du statt der üblichen Reinigungstücher oder Wattepads verwenden kannst – und zwar mehrfach. Schneide aus dem Stoff mithilfe eines Glases mehrere bunte Kreise aus, lege sie aufeinander und nähe sie mit der Nähmaschine zusammen. Nach der Gesichtsreinigung nicht wegschmeißen, sondern bei 60 Grad waschen und erneut verwenden.**

---

Wie du aus alten Baumwoll-Shirts Putztücher herstellst, erfährst du auf Seite 75.

# 109

# NO PADS

**Viele Shampoos und Duschgels enthalten Mikroplastik, die schädlich für die Umwelt sind, da sie von den Klärwerken nicht gefiltert werden können. Auch die Verpackung besteht in der Regel aus Plastik, was eine weitere Belastung darstellt. Eine Alternative ist der vollkommende Verzicht auf Shampoo & Co. Nach einer kurzen Eingewöhnungsphase gewöhnen sich die Haare an das Waschen mit klarem Wasser und reagieren darauf sogar mehr als positiv.**

---

Wer nicht vollkommen verzichten möchte, greift am besten zur Aleppo-Seife aus dem Biomarkt, eine Seife auf Olivenöl-Basis. Sie riecht neutral und ist zudem sehr ergiebig.

# 110 SCHLUSS MIT SHAMPOO

111

# DOPPELT GUT

**Möchtest du deiner Haut keine industriellen Inhaltsstoffe mehr zumuten, solltest du dir ein Glas Kokosöl zulegen – der Allrounder in Sachen Körperpflege. Neben seiner hautpflegenden Wirkung kannst du damit sogar Make-up problemlos entfernen. Einfach auftragen und mit warmem Wasser wieder abwaschen.**

---

Vermischst du das Kokosöl mit etwas Rohrzucker, wird daraus ein natürliches und pflegendes Körperpeeling.

**Trockene Heizungsluft ist schlecht für die Schleimhäute, vor allem, wenn du krank bist. Stelle bei Husten darum am besten ein Schälchen Wasser auf deine Heizung.**

Auch ein nasses Handtuch befeuchtet die Luft.

112

# REIZHUSTENHILFE

# 113

# GURKENTRICK

**Wenn du noch ein bisschen Salatgurke übrig hast, kannst du daraus eine pflegende und abschwellende Gurkenmaske machen, die Schwellungen an Lidern und Tränensäcken lindert. Dazu einfach zwei Scheiben abschneiden und für eine Viertelstunde auf deine geschlossenen Augen legen.**

Gurke vorher im Kühlschrank kühlen.

# 114 BRÖSEL-PEELING

**Du hast noch ein paar bröselige Cornflakes übrig? Dann mach daraus eine Peeling-Maske, die überschüssiges Fett von der Haut absorbiert. Mahle die restlichen Cornflakes so fein wie möglich und gib so viel Honig und Zitronensaft dazu, bis daraus eine feste Paste wird. Mit den Fingern aufs Gesicht auftragen, zehn Minuten einwirken lassen und mit warmem Wasser abwaschen.**

115

# DEO OHNE ALUMINIUM

**Deos sind praktisch, stecken aber voller zweifelhafter Inhaltsstoffe, die zum Teil sogar im Verdacht stehen, Brustkrebs zu verursachen – Stichwort: Aluminium. Zum Glück kannst du dein Deo aber auch aus ganz natürlichen Zutaten selbst herstellen. Das Deo hält vier Wochen.**

3 EL Kokosöl im Wasserbad schmelzen.

1 EL Speisestärke und 3 TL Natron in einer Schüssel verrühren und danach zum Kokosöl geben.

**1 TL reines Aloe Vera und 10 Tropfen ätherisches Öl zugeben, z. B. Zitrone, Orange, Lavendel oder Salbei.**

**Alles gut verrühren und in einen leeren Cremetiegel oder eine leere Bonbondose füllen. Zum Abkühlen in den Kühlschrank stellen.**

# 116 KAFFEE-PEELING

**Kaffeesatz ist nicht nur im Haushalt ein echtes Allround-Talent, sondern auch bei der Ganzkörperpflege. Mixt du das kalte Pulver mit etwas Olivenöl, wird daraus nämlich ein tolles Körper-Peeling. Einfach in der Dusche auftragen, einmassieren und mit warmem Wasser abspülen.**

---

Was du noch mit Kaffeesatz anstellen kannst, erfährst du auf der Seite 89 und Seite 115.

**Bei Schwellungen und Prellungen hilft ein Kühlpack. Wenn du keins zur Hand hast, hilft auch ein Beutel mit eingefrorenen Erbsen, aus eigenem Anbau oder direkt aus der Supermarkt-Tüte. Er ist eiskalt und passt sich deiner Körperform flexibel an. Wichtig: Beutel in ein Geschirrtuch wickeln, damit es nicht zu kalt wird.**

---

Kennzeichne den Beutel. Dann kannst du ihn immer wieder verwenden.

# 117 COOLE ERBSEN

# 118 DIY-MASSAGEÖL

**Massageöle brauchst du nicht aus der Drogerie zu kaufen, denn du kannst sie kinderleicht selber machen. Dazu brauchst du nur 100 ml Oliven-, Sonnenblumen-, Sesam oder Mandelöl und 15–20 Tropfen ätherisches Öl. Zur Entspannung wählst du Lavendelöl, bei Verspannungen Wacholderöl, zum Straffen Orangenöl. Gründlich in die Haut einarbeiten (lassen), die Augen schließen und relaxen.**

Entspannende Musik hilft beim Runterkommen.

119

# SHEA & SHINE

**Sheabutter eignet sich hervorragend, um daraus eine Hautcreme ohne chemische Inhaltsstoffe zu machen. Das Tolle: Sie zieht schnell ein, macht die Haut angenehm weich und geschmeidig und lindert sogar Juckreiz. Außerdem enthält sie von Natur aus bereits einen leichten Lichtschutzfaktor (Stufe 4). Für eine reichhaltige Bodybutter lässt du Kokosöl und Sheabutter im Verhältnis 20:80 bei geringer Hitze in einem Gefäß im Wasserbad schmelzen und füllst sie danach in eine leere Dose. Im Kühlschrank abkühlen lassen.**

Die Creme ist rund ein Jahr haltbar.

# 120 STREICHELZART

Sheabutter und Kakaobutter machen auch trockene Hände auf ganz natürliche Weise wieder weich und geschmeidig.

40 g Kakaobutter in einem Gefäß im Wasserbad schmelzen.

20 g Sheabutter und 40 ml Mandelöl zufügen und gut verrühren.

Nun das Gefäß aus dem Wasser nehmen und 2–3 Minuten weiter umrühren. Während des Abkühlens weiter ab und zu umrühren. Wenn die Creme lauwarm ist, in ein sauberes Schraubdeckel-Gefäß füllen und im Kühlschrank abkühlen lassen.

**Du kannst auch andere native, kaltgepresste Öle zufügen, wie Kokos- oder Olivenöl.**

121

# PORENTIEF REIN

**Heilerde, die du im Reformhaus, in der Apotheke oder online kaufen kannst, wirkt hervorragend bei Hautunreinheiten. Eine Gesichtsmaske, die ohne chemische Zusatzstoffe auskommt, rührst du aus 2 TL Heilerde und 2 TL Wasser an. Auf das Gesicht streichen und 15 Minuten einwirken lassen. Danach mit kaltem Wasser abspülen.**

**Auch im Haar ist Sheabutter mehr als willkommen. Bei spröden Spitzen knetest du einfach eine kleine Menge ins frisch gewaschene, noch feuchte Haar. Danach wie gewohnt stylen.**

Unraffinierte, naturbelassene Sheabutter hat eine stärkere Heilwirkung, duftet aber intensiver als raffinierte Butter.

122

# GEPFLEGTE SPITZEN

# 123
# KÜCHENKRÄUTER-WELLNESS

**Deine Küchenkräuter von der Fensterbank schmecken nicht nur prima, sie machen sich auch hervorragend in der Badewanne. Bei verspannten Muskeln hilft Rosmarin, denn es fördert die Durchblutung. Basilikum wirkt belebend, Petersilie beruhigend.**

**Und so geht's: Einen alten Strumpfhosen-Fuß abschneiden, mit einer Handvoll frischen oder getrockneten Kräutern füllen, an den Wasserhahn deiner Badewanne binden und heißes Wasser durchlaufen lassen. Alternativ direkt ins Badewasser streuen.**

**Keine Kräuter zur Hand? Dann gib einfach etwas Tee ins Badewasser, zum Beispiel Kamille oder Pfefferminze.**

Was du noch alles mit alten Strumpfhosen machen kannst, erfährst du auf Seite 202.

Hast du noch etwas Naturjoghurt übrig, kannst du daraus eine wirkungsvolle Haarmaske anrühren, die deinem Haar zu neuem Glanz verhilft. Verrühre dazu in einer Schüssel 5 EL Naturjoghurt und ein Eigelb zu einer cremigen Paste. Jetzt lässt du die Creme ruhen und wäschst dein Haar ganz normal. Nach dem Trockenrubbeln massierst du die Joghurt-Ei-Paste ins Haar und bedeckst es danach mit einem Handtuch. 15 Minuten einwirken lassen und zweimal auswaschen, zuerst mit warmem, dann mit kaltem Wasser. Du wirst sehen, dein Haar wirkt jetzt kräftiger, voller und glänzender.

Hast du noch eine Plastiktüte herumliegen, kannst du diese zuerst ums Haar legen. Dann wird das Handtuch nicht schmutzig.

# 124 JOGHURT-MASKE

125

# SCHAUM-STOPP

**Rasierschaum sieht toll aus und duftet gut – das war's dann aber auch schon, denn für Umwelt und Haut ist der Schaum leider nichts. Für eine selbst gemachte Rasierseife ohne Duftstoffe und chemische Zusätze raspelst du 100 g Kernseife und erhitzt sie in 100 ml Wasser in einem Topf. Umrühren und 100 g Kokosöl zugeben. In ein sauberes Schraubglas füllen und bei Bedarf eine Messerspitze in 1–2 TL warmes Wasser geben und mit einem Rasierpinsel aufschäumen.**

---

Rasierseife im Kühlschrank aufbewahren.

# 126

# SCHOKO-HAUT

In der kalten Jahreszeit trocknet die Haut an Armen, Ellbogen und Schienbeinen schnell aus. Eine selbstgemachte und ganz natürliche Creme tut jetzt besonders gut.

Für ein großes Schraubglas verflüssigst du 50 g Kokosöl in einem Gefäß im Wasserbad.

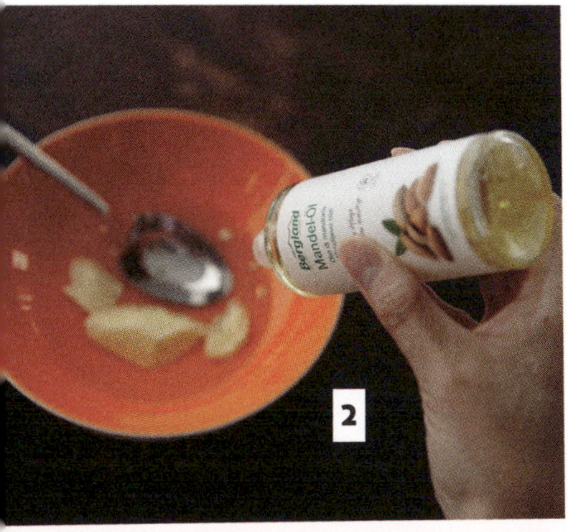


2

Danach gibst du 25 g Kakaobutter und 25 g Mandelöl hinzu und verrührst alles gut.

3 Gefäß aus dem Wasserbad nehmen und in den Kühlschrank stellen, bis die Masse hart wird.

Nimmt die leicht hartgewordene Masse wieder heraus und schlag sie mit dem Mixer schaumig auf. Danach ins Schraubglas geben.

4

Die Creme hält rund einen Monat.

**Auch wenn viele sich darum kaum Gedanken machen: Die Zutatenliste von Zahnpasta ist lang. Jede Menge Inhaltsstoffe stecken in der Minzcreme – und nicht alle davon tun unserem Körper gut. Zum Glück kann man Zahnpasta durchaus selbst herstellen, auch wenn sie nicht so lange haltbar ist wie gekaufte und darum am besten Woche für Woche neu angerührt werden sollte. Verrühre dazu 3 EL Kokosöl und 2 EL feines Natron. Benutzt du Kaisernatron, solltest du es vorher noch etwas im Mörser verfeinern. Ist das Kokosöl noch sehr fest, solltest du es im heißen Wasserbad erhitzen, bis es cremig wird. Dann aus dem heißen Wasser nehmen und das Natron zufügen. Wenn du möchtest, kannst du noch 7–8 Tropfen Minzöl zugeben.**

# 127

# DIY-PASTA

Statt Natron kannst du auch Schlämmkreide unterrühren.

# NOTIZEN

Nächste Termine
M 17.00h
D –
M –
D 16.00h
F –

# Zero Waste & Upcycling

Aus alten, in Scheiben geschnittenen Weinkorken wird eine tolle Pinnwand, wenn du sie auf einen Bilderrahmen klebst. Perfekt für Notizen, Postkarten & Co.

128

Die Vermeidung von Müll gehört zu den größten Themen im Bereich Nachhaltigkeit. Zero Waste – also Null Müll – ist zwar nicht ganz einfach umzusetzen, aber mit ein bisschen Kreativität und Einfallsreichtum durchaus machbar. Sogar aus Toilettenpapier-Rollen und alten Zeitschriften kannst du mit diesen Upcycling-Hacks noch die tollsten Dinge basteln.

129

# MEHRFACH-MINIS

**Vor dem Urlaub kaufen wir im Drogeriemarkt jede Menge Mini-Versionen von Shampoo, Duschgel, Lotion und Co. Mittlerweile gibt es diese Mini-Flaschen jedoch auch leer zu kaufen, zum Beispiel im Drogeriemarkt oder online. Sie bestehen zwar in der Regel auch aus Plastik, können aber vor jedem Urlaub neu befüllt werden, und zwar viele Jahre lang.**

---

Du hast noch ein paar alte Minis im Schrank liegen? Schau doch mal, ob du beim einen oder anderen den Verschluss abschrauben kannst. Dann kannst du deine eigenen wiederbefüllbaren Minis herstellen.

**Jeder von uns hat diese eine Schublade, in der sich ein Knäuel aus verschiedensten Kabeln tummelt und alles daran setzt, sich ineinander zu vertüddeln. Möchtest du dich diesem Kabelsalat stellen, solltest du sie zuallererst entwirren. Danach prüfst du genau, welche du noch benötigst, und rollst sie fein säuberlich auf, Stück für Stück. Stecke nun alle Kabel in je eine leere Toilettenpapier-Rolle und stelle alle nebeneinander in einen leeren Schuhkarton.
So behältst du ganz einfach den Überblick.**

Noch Kabel übrig? Zeige sie Freunden, Kollegen und Bekannten – irgendwer braucht doch immer ein Kabel. Den Rest entsorgst du auf dem Wertstoffhof.

# 130 NIE WIEDER KABELSALAT

**In alten Schuhkartons kannst du herumliegende Kabel- und Kabelleisten verstecken, zum Beispiel neben dem Fernseher oder deiner Stereoanlage. In die kurzen Seiten der Kiste je einen Schlitz für die Kabelausgänge schneiden.**

---

Beklebe die Box mit hübschen Fotos, alten Postern, Postkarten oder Polaroids.

131

# KABELBOX

# 132

# IMMER UP TO DATE

**Jede Woche werden wir aufs Neue mit Unmengen an Papiermüll versorgt – und zwar per Post. Bevor die Werbebriefe jetzt aber gleich wieder im Müll landen, kannst du ihnen ein zweites Leben schenken – und zwar als Kalender. Alles was du dafür brauchst, ist eine leere Papier-Rückseite, ein paar bunte Stifte und eine Pinnwand. Nun kannst du auf das Papier einen praktischen Wochen- oder Monatskalender zeichnen, auf dem du alle Termine notierst. Für andere Familienmitglieder verwendest du einfach andere Farben. Sieht cool aus, ist praktisch und verringert sinnlosen Müll.**

---

Der Kalender sieht auch auf einem Klemmbrett cool aus.

**Aus einem alten Polo-Shirt, das du nicht mehr anziehen möchtest, kannst du noch ganz easy ein hängendes Utensilo basteln. Einfach auf links drehen, in der Mitte horizontal abschneiden und den unteren Rand mit der Nähmaschine schließen. Danach zurück auf rechts drehen, auf einen Kleiderbügel ziehen und aufhängen. Perfekt zum Aufbewahren deiner Gürtel-Sammlung, für Socken und Unterwäsche.**

---

Auch Wäscheklammern fühlen sich hier wohl.

# 133

# ENTSPANNT ABHÄNGEN

**Bücherseiten machen sich prima als Geschenkpapier. Einfach mithilfe eines Cutters sauber aus dem Buch heraustrennen und deine Geschenke darin einwickeln. Klebst du mehrere Seiten zusammen, entsteht eine Geschenktüte.**

---

Tüte mit Fotos bekleben, bemalen oder mit einem schönen Stempel verzieren.

# 134 GUT VERPACKT

# 135
# GEHEIM-VERSTECK

**Leere Gläser mit Schraubdeckel eignen sich prima als Geheimversteck, in dem du zum Beispiel deinen Notgroschen oder andere Kleinigkeiten aufbewahren kannst. Damit niemand sieht, was im Glas steckt, benötigst du außerdem eine Papprolle. Stecke sie in das Glas und kürze sie so, dass sie mit dem Deckelrand abschließt. Danach befüllst du die Seiten bis oben mit trockenem Reis. Nun kannst du die leere Rolle in der Mitte mit allem befüllen, was du vor fremden Augen schützen möchtest.**

---

Statt Reis kannst du auch Linsen & Co. verwenden.

**Möchtest du Schmuck-Geschenke oder andere kleine Aufmerksamkeiten mal anders verpacken, verwendest du einfach eine leere Toilettenpapier-Rolle. Am besten drückst du sie leicht zusammen und knickst dann die Enden oben und unten ein. Danach kannst du die Rolle mit Geschenkpapier-Resten, buntem Klebeband oder einer Schleife verzieren.**

Sammle alle Geschenkpapier-Reste in einer Schublade, egal ob es beim Auspacken kaputtgegangen ist oder nicht. Denn: Aus jeder noch so kleinen Ecke kann eines Tages coole Deko werden.

# 136 KLEINE FREUDEN

# 137

# DAS SAFTTÜTEN-PORTEMONNAIE

**Selbst gemachte Geldbeutel liegen voll im Trend, vor allem, wenn sie aus Materialien hergestellt werden, die sonst im Müll landen würden.**

**Reinige eine Safttüte gründlich und lasse sie danach 2–3 Tage trocknen.**

1

2

**Nun schneidest du die Verpackung am unteren Drittel ab.**

**Danach schneidest du die Packung an einer Seite an den Kanten auf. Die daran angrenzenden Seiten schneidest du diagonal ab.**

**Nun kannst du aus der Verpackung die Form eines Portemonnaies knicken. Danach den Deckel umklappen.**

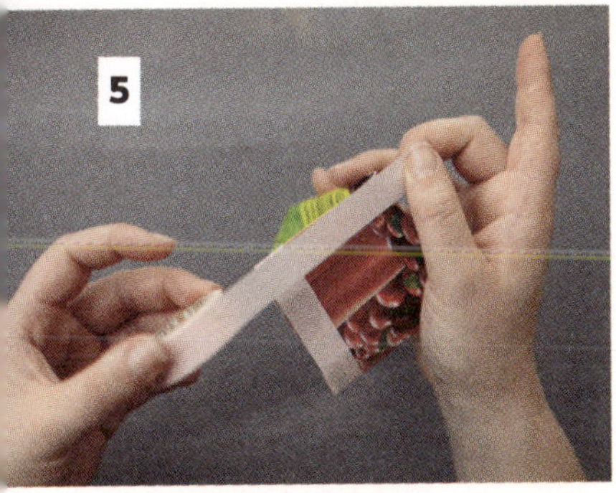


**Wenn du möchtest, kannst du deinen neuen Geldbeutel nun noch nach Wunsch verzieren, zum Beispiel mit buntem Deko-Klebeband, Klebefolie, altem Geschenkpapier oder Stoffresten.**

**Um das Portemonnaie zu verschließen, benutzt du am besten ein Haargummi.**

# 138
# STYLISHES UTENSILO

**Ob groß oder klein, von Tee bis Cornflakes – ab jetzt sammelst du alle stabilen Papp-Verpackungen, die sich im Alltag so ansammeln. Je unterschiedlicher Größe und Form sind, desto besser. Wenn du einen großen Stapel gesammelt hast, lässt du dir im Baumarkt eine Holzplatte zuschneiden. Darauf befestigst du alle Verpackungen, am besten mit Nägeln. Zum Schluss sprühst du alles mit einer umweltfreundlichen Farbe aus dem Baumarkt an und hängst dein neues Utensilo an die Wand – zum Beispiel im Bad oder im Arbeitszimmer.**

**Nach dem Aufbrühen kannst du dein Tee-Ei über Nacht in deine Gießkanne hängen. So gibt es die im Tee enthaltenen Nährstoffe auch noch ans Blumenwasser ab. Das Blumenwasser sollte dann aber am besten frisch und sauber sein, genau wie die Gießkanne.**

---

Am besten wirkt Kräutertee. Er besitzt viele pflanzenstärkende Eigenschaften.

# 139 TEE FÜRS GRÜNZEUG

**Aus großen Gläsern kannst du praktische Longdrink-Gläser machen. Wie wäre es zum Beispiel, wenn du dein leeres Nutella-Glas in Zukunft zum Cocktail-Glas umfunktionierst? Durch die besondere Form bekommt der Drink dann auch optisch eine extravagante Note. Das Etikett lässt sich nach kurzem Einweichen in warmem Spülwasser ganz einfach abziehen.**

---

Aus dem Deckel kannst du einen niedlichen Mini-Bilderrahmen machen. Einfach ein Bild zuschneiden, hineinkleben und an der Pinnwand befestigen.

140

# LONGDRINK-GLAS DELUXE

# 141 STIFTE-BOX

**Auch Toilettenpapier-Rollen kannst du nach Verwendung noch zu einem neuen Leben verhelfen. Stelle sie nach und nach hochkant in einen alten Karton. Wenn er voll ist, beklebst du den Karton von außen mit Geschenkpapier-Resten, Fotos oder Deko-Klebeband und steckst in die Rollen Stifte, Schere, Klebestift & Co.**

# 142

# BIERDOSEN MAL ANDERS

**Getränkedosen lassen sich sehr gut recyceln, sind aber dennoch ökologisch fragwürdig, denn sie werden unter einem sehr hohen Energiebedarf hergestellt. Grundsätzlich solltest du also besser zu Getränken in Glasflaschen greifen. Kommen dir trotzdem ein paar Dosen ins Haus, kannst du daraus coole Teelichthalter oder gar einen Adventskranz basteln.**

**Entferne den Deckel der Dose mit einem Dosenöffner.**

1

Nun mit dem Cutter stylishe Muster, Buchstaben oder für den Adventskranz die Zahlen 1–4 hineinschneiden.

Dosen mit einer umwelt-freundlichen Bastelfarbe bemalen oder ansprühen.

Zum Schluss ein Tee-licht hineinsetzen und anzünden.

# 143

# BLINGBLING-EFFEKT

**Deinen Kleiderschrank solltest du regelmäßig ausmisten. Alles, was du nicht mehr tragen möchtest, gibst du an wohltätige Organisationen, Freunde und Familie weiter oder verkaufst es online oder auf dem Flohmarkt, damit deine Kleider optimal genutzt werden und nicht im Müll landen. Alternativ kannst du sie aber auch upcyceln: Mit Pailletten machst du aus langweiligen Teilen ruckzuck neue Schmuckstücke. Einfach am Saum, am Kragen oder in Form von grafischen Ornamenten anbringen. Sieht toll aus und kostet fast nichts.**

---

Funktioniert auch mit alten Knöpfen.

Aus deinem alten Lieblingsshirt kannst du im Handumdrehen eine supercoole Tragetasche machen. Dazu schneidest du einfach Ärmel und Kragen ab und setzt in die untere Shirt-Kante 4–5 cm lange vertikale Schnitte im Abstand von ca. 1,5 cm. Zum Schluss verknotest du die gegenüberliegenden Shirt-Zipfel miteinander, sodass das Shirt von unten verschlossen ist und ein cooler Fransen-Look entsteht.

Funktioniert auch mit dünnen Pullovern.

# 144 CHIC UND INDIVIDUELL

## 145

# SCHNIPP-SCHNAPP

**Zerschneidest du alte Briefe, Umschläge und Rechnungen, die du nicht mehr benötigst, in kleine Quadrate, werden daraus praktische Notizzettel. Mithilfe von Magneten kannst du sie nun gut sichtbar an den Kühlschrank hängen, mit Nadeln an der Pinnwand befestigen oder als Einkaufszettel verwenden.**

Aus einer leeren Tee-Packung oder dem unteren Drittel eines Tetra Packs kannst du eine schicke Zettelbox machen. Einfach mit bunten Geschenkpapierresten oder schicken Werbeanzeigen aus Zeitschriften bekleben und mit den Zetteln füllen.

**Aus flauschigen Strümpfen oder alten Frottee-Waschlappen kannst du im Handumdrehen ein kuscheliges Wärmekissen für den Winter zaubern. Einfach mit Kirschkernen oder Dinkel füllen und zunähen bzw. zubinden und danach im Ofen erhitzen.**

Keine Kirschkerne zur Hand? Dann nimm einfach ungekochten Reis.

146

# KOMM KUSCHELN

# 147 COOLE TRAGETASCHE

**Deine Hose zwickt und dein Lieblingsshirt hat ein Loch? Prima, denn aus beiden Teilen kannst du eine coole gefütterte Tragetasche machen. Schneide aus deinem Shirt zwei gleich große Rechtecke in Taschengröße aus. Drehe das Shirt auf Links und vernähe drei Seiten, sodass oben eine Öffnung entsteht. Aus deinem Hosenbein plus Po-Tasche wird das Innenfutter. Unten abschneiden, zunähen, in die Tasche stecken und mit dem T-Shirtsaum vernähen. Die Träger fertigst du ebenfalls aus Hosenbein-Stoffresten.**

---

Wenn du noch einen alten Mini-Rock hast, der nicht mehr passt, kannst du ihn auch zur Tasche umfunktionieren. Einfach unten zunähen, Träger dran, fertig.

# 148

# LAUFMASCHE? EGAL!

**Eine kaputte Strumpfhose gehört in den Müll? Nicht unbedingt, denn es gibt noch viele Möglichkeiten, ihr zu einem zweiten Leben zu verhelfen.**

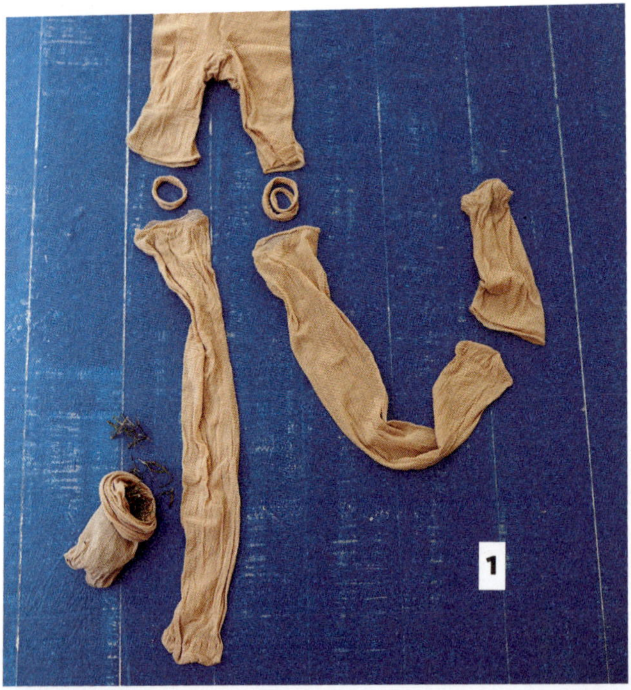

1

**Schneidest du schmale Ringe aus den Strumpfhosenbeinen heraus, kannst du diese prima als Zopfband verwenden.**

2 **Kräuterbad:** Möchtest du ein wohltuendes Kräuterbad in deiner Wanne nehmen, kannst du dazu den Fuß einer alten Strumpfhose verwenden. Einfach abschneiden, mit frischen oder getrockneten Kräutern füllen und mit einem Zopfgummi an den Wasserhahn deiner Badewanne binden. Wenn das heiße Wanne durch den Kräuterstrumpf fließt, werden die dabei entstehenden Wasserdämpfe gleich mitaromatisiert. Siehe auch Seite 168.

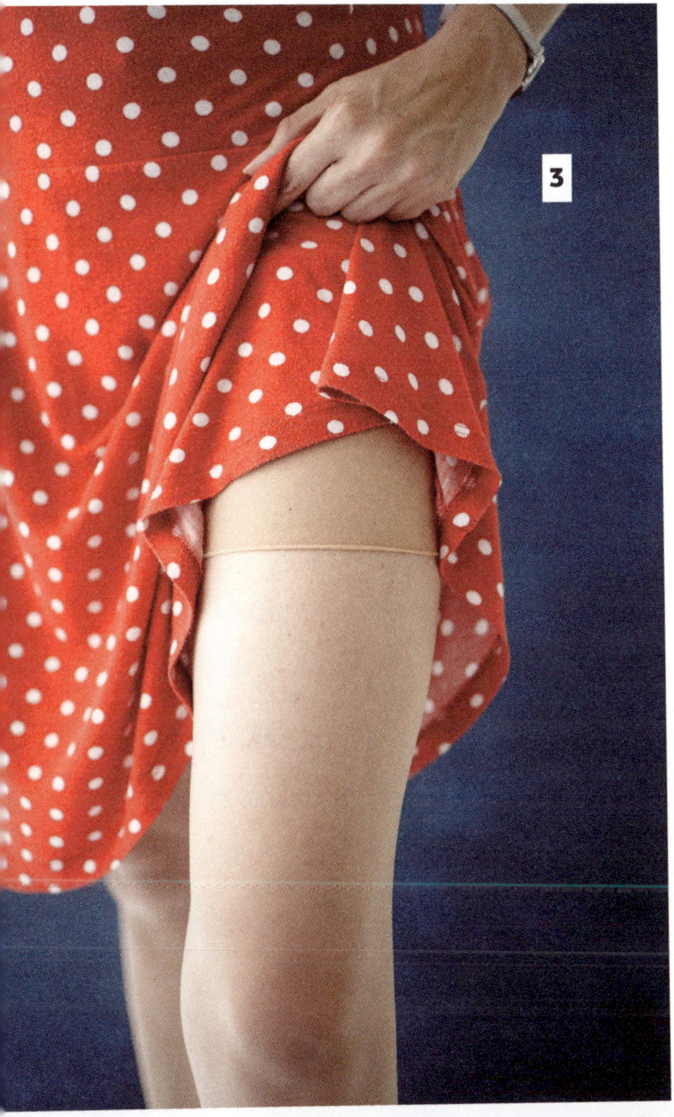

3

**Anti-Rutsch:** Schneidest du die Beine deiner Strumpfhose ab, kannst du das Oberteil der Hose danach einfach über deine normale Strumpfhose ziehen, damit sie nicht mehr rutscht.

4 **Zwiebellook:** Schneidest du deine Strumpfhose unterhalb des Knies ab, kannst du die Füße als Kniestrümpfe weiterverwenden und unter deinen Socken tragen.

Aus einer alten Jeans und einem Bilderrahmen kannst du ein cooles Mini-Utensilo basteln, das garantiert nicht jeder hat. Schneide dazu die Rückseite deiner Jeans in Bilderrahmengröße aus – und zwar so, dass die Taschen ganz bleiben. Nun entfernst du das Glas bzw. die Plastik-Vorderseite aus dem Rahmen und spannst die Jeans hinein. In der Tasche kannst du nun Stifte oder einen Kamm aufbewahren oder mit Wäscheklammern Polaroids daran befestigen

---

Funktioniert auch mit Jeans-Hemden.

# 149

# JEANS-UTENSILO

Ausrangierte Männerhemden lassen sich mit wenigen Handgriffen zu einem schicken Kissenbezug umwandeln. Schneide das Hemd auf Kissengröße (+ je 2 cm Zugabe) zu, sodass die Knopfleiste mittig ist. Nun drehst du den Stoff auf links und vernähst alle Seiten. Zum Schluss zurück auf rechts drehen und mit einem Kissen füllen.

Die Ärmel-Säume kannst du in Zukunft als Serviettenring benutzen.

# 150 HEYHO HEMD!

**Aus einem alten oder zu eng gewordenen Tanktop kannst du eine stylishe Weste machen, die du über anderen Tops oder T-Shirts tragen kannst. Dazu schneidest du dein altes Top einfach gerade von unten nach oben auf – anziehen, fertig!**

Wenn die Schnitt-Kanten ausfransen, solltest du sie vorm Tragen noch mit der Nähmaschine umnähen.

# 151 WILDE WESTE

# 152 IN DER SCHWEBE

Im Nähzimmer kannst du Schraubgläser ebenfalls gut gebrauchen, zum Beispiel als Aufbewahrungsort für Knöpfe, Garn, Pailletten & Co. Damit du auf dem Nähtisch genug Platz hast, deponierst du sie am besten auf einem Regalbrett über dem Tisch. Noch cooler sieht es jedoch aus, wenn die Gläser unterm Regal „schweben“. Dazu musst du nur die Schraubdeckel unter dem Regalbrett befestigen, zum Beispiel mit Nägeln. Nun schraubst du deine Gläser einfach von unten ans Regal. Sieht spitze aus, oder?

153

# NEUE ACCESSOIRES

**Dein alter Pulli passt oder gefällt nicht mehr? Macht nichts, denn mit einer Schere und einer Nähmaschine kannst du ihn ruckzuck zu wärmenden Winter-Accessoires verarbeiten.**

### 1 Mütze:

Schneide vom unteren Pulli-Rand ein U in Kopfgröße in den Stoff. Nun nähst du die beiden gegenüberliegenden Stoff-Teile mit der Nähmaschine zusammen – und fertig ist die Mütze.

### 2 Stirnband:

Bei einem weiten Woll-Pulli schneidest du einfach einen ca. 10–15 cm breiten Streifen aus dem Oberarm. Danach umnähen und an kalten Tagen als Stirnband verwenden. Bei einem engen Pullover misst du deinen Kopfumfang und schneidest einen entsprechend langen Streifen aus der Pullover-Vorder- und Rückseite aus.

### 3 Stulpen:

Im Winter können Arme und Beine ab und zu eine Extra-Portion Wärme vertragen. Schneidest du die Ärmel deines Pullis ab, kannst du die so entstehenden Stulpen über Arme und Füße ziehen.

# 154

# HAPPY NEW YEAR

**Silvester ohne Konfetti? Undenkbar! Am besten recycelst du dazu Flyer, Geschenkpapier-Reste oder Hochglanz-Anzeigen aus Magazinen – also alles, was farbenfroh ist und möglichst wenig Text enthält. Dazu brauchst du nur einen Locher und ein bisschen Geduld.**

---

Konfetti nach der Party entsorgen, vor allem, wenn draußen in der Natur gefeiert wurde.

**In alten Magazinen finden sich viele schöne, großformatige Bilder, die du zu hübschen Postkarten machen kannst. Nimm eine alte Postkarte als Vorlage und schneide Bilder in der passenden Größe aus. Diese klebst du nun einfach auf ein Stück Pappe in derselben Größe und verschickst mal wieder einen Gruß an deine Liebsten.**

Daraus lassen sich auch schöne Glückwunsch-Karten machen, zum Beispiel zum Geburtstag.

# 155 KLEINER GRUSS

# 156
# DUFTE SCHUHE

**Deine Schuhe müffeln, aber du möchtest sie noch nicht aufgeben? Prima, denn das musst du auch gar nicht. Alte Teebeutel leisten nämlich gute Dienste, wenn es aus Turn- oder Sportschuhen riecht. Einfach nach Gebrauch trocknen lassen und in die Schuhe stecken. Die Beutel saugen die Feuchtigkeit aus den Schuhen und lassen sie außerdem gut riechen.**

Besonders gut wirken die Beutel von Pfefferminztee.

157

# ACHTUNG: CONTAINER

**Möchtest du deine nicht mehr genutzte Kleidung, Handtücher, Bettwäsche, Decken, Kissen, Mützen und Schals in die Altkleider-Sammlung geben, solltest du aufmerksam sein – vor allem bei Altkleider-Containern. Hier gibt es nämlich auch Sammelstellen, bei denen die Kleider zu kommerziellen Zwecken genutzt werden, statt sie an Bedürftige zu spenden. Nimm am besten von allen Containern Abstand, auf denen weder Name noch Adresse des Sammlers stehen. Steht er drauf, kurz googeln, wer der Absender ist.**

---

Nur gut erhaltene, saubere und in Tüten verpackte Kleider abgeben.

158

# SCHICKE SCHICHTEN

**Große Gurkengläser und Milchflaschen mit Schraubdeckel eignen sich prima als Geschenk für deine Liebsten, wenn du darin eine selbst zusammengestellte Brownie-Backmischung verschenkst.**

**Einfach 130 g Mehl, 1 TL Backpulver, 1 Prise Salz, 3 EL Kakao, 80 g gehackte Mandeln und 130 g braunen Rohrzucker übereinander schichten.**

1

2

**Danach ein Schild mit der Backanleitung schreiben: Kuchen-Mix mit 2 Eiern, 125 g geschmolzener Butter und 2 EL Nussnougatcreme verrühren. Danach bei 160 Grad (Umluft) 25 Min. backen, am besten in einer Brownie-Form.**

3

**Wenn du keine Brownie-Form hast, kannst du auch eine Springform benutzen.**

# NOTIZEN

AHA!

Müll ist in unserem Alltag allgegenwärtig. Alles, was nicht mehr gebraucht wird, landet im Sack. Doch was passiert eigentlich mit all den Verpackungen & Co.? Natürlich lösen sie sich nicht einfach in Luft auf. Ein Teil wird recycelt, der Restmüll wird verbrannt.

Das Problem: Neben dem Restmüll landet auch viel Wiederverwertbares im Müll, wie Metallschrott. Außerdem landen rund 30 Prozent unserer Lebensmittel im Abfall. Ein guter Grund, den Zero-Waste-Gedanken in den Alltag zu integrieren und Müll so gut und so oft es geht zu vermeiden.

# Unterwegs & im Urlaub

159

Leere Gurkengläser sind tolle, umkippsichere Picknick-Cocktail-Gläser. Loch in den Deckel bohren, Glas-Strohhalm durchstecken, fertig.

Auch auf Reisen, auf Ausflügen oder auf dem Weg ins Büro kannst du auf nachhaltige Alternativen setzen. Hier geht es daher um grüne Unterkünfte, $CO_2$-freundliche Verkehrsmittel, Spritsparen und nachhaltige Urlaubsalternativen. Aber auch natürliche Anti-Mücken-Mittel und Tipps fürs nächste Grillfest oder Picknick kommen nicht zu kurz.

160

# NACHHALTIGES REISEN

**Auch beim Reisen kannst du auf Nachhaltigkeit und sanften Tourismus setzen. Wenn du diese Basics beachtest, tust du deinem grünen Fußabdruck garantiert etwas Gutes.**

**Wähle ein nahes Reiseziel**

Je näher der Urlaubsort, desto weniger Treibhausgase produzierst du bei der Anreise.

**Setze auf ein nachhaltiges Verkehrsmittel**

Am besten geeignet sind Fernbus und Zug. Das Flugzeug solltest du nur nutzen, wenn es nicht anders geht. Dabei gilt: Lieber einmal im Jahr für drei Wochen wegfliegen, statt dreimal im Jahr für eine Woche wegzufliegen. Wie du deine $CO_2$-Bilanz danach wieder ausgleichen kannst, erfährst du auf Seite 226.

**Reise vor Ort umweltfreundlich**

Am umweltfreundlichsten geht das per Fahrrad, zu Fuß oder mit öffentlichen Verkehrsmitteln statt mit dem Mietwagen. Am besten informierst du dich vorab, welche Möglichkeiten es vor Ort gibt und wie weit die Distanzen zur nächsten Stadt, zu Stränden, Parks oder Aktivitäten sind. Je näher diese liegen, desto weniger bist du auf Verkehrsmittel angewiesen.

**Am Strand kommt es leider immer wieder vor, dass Nachbarn ihren Müll rücksichtslos liegen lassen. Das nervt, vor allem, wenn man selbst darauf bedacht ist, alles einzusammeln und korrekt zu entsorgen. Sammelst du vorm Heimgehen auch den Müll deiner Nachbarn ein, wird zwar niemand Danke sagen – doch die Fische und Seevögel, die an den Kippenstummeln und PET-Flaschen nicht qualvoll verenden müssen, würden dir mit Sicherheit danken, wenn sie könnten. Für diese Gelegenheiten sind Plastiktüten aus dem Supermarkt – die wir ansonsten bestenfalls vermeiden – hervorragend geeignet.**

---

In Tüten findet nicht nur jede Menge Müll Platz, sondern auch nasse Bikinis und Handtücher, falls du noch ein zweites Exemplar dabei hast.

161

# MITDENKEN

Greenbooking-Portale bieten Unterkünfte an, die Kategorien wie eine nachhaltige Bauweise, Abfallvermeidung, Ökostrom und Bio-Zertifikate berücksichtigen. Buchst du über andere Plattformen, kannst du auf das Zertifikat „CSR-tourism-certified" achten. Es zeichnet umwelt- und sozialverträgliche Reisen aus. Auch gut: TourCert, Green Globe, Bio Hotels, EU Ecolabel.

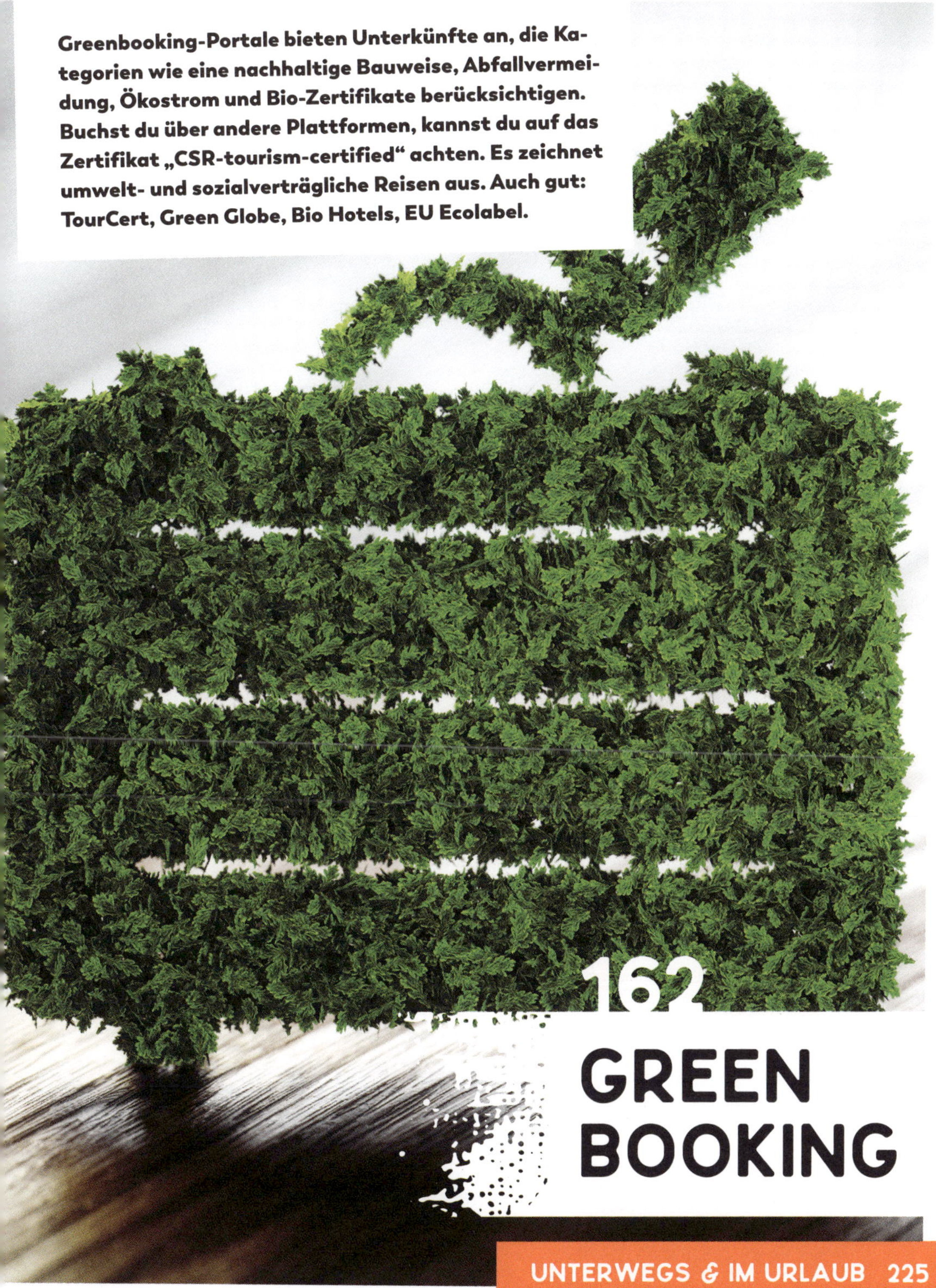

# 162 GREEN BOOKING

Das Fliegen produziert Treibhausgase und $CO_2$-Emissionen, die dem Klima schaden. Manchmal lässt es sich jedoch trotzdem nicht vermeiden, in den Flieger zu steigen. Möchtest du deinen ökologischen Fußabdruck verkleinern, kannst du auf www.atmosfair.de einen $CO_2$-Kompensationsbeitrag leisten und damit Klimaschutzprojekte unterstützen. Bei einem Flug von Hamburg nach Brüssel entstehen zum Beispiel 307 kg $CO_2$ und ein Kompensationsbeitrag von 10 Euro. Das Geld wird bei Klimaschutzprojekten eingesetzt, um Treibhausgase zu binden.

# 163

# $CO_2$ KOMPENSIEREN

**Egal ob Picknick oder Campingurlaub: Pappteller und Plastikgeschirr sollten dir ab jetzt nicht mehr auf den Tisch kommen. Am besten verwendest du dein ganz normales Geschirr aus der Küche oder schwenkst auf spezielles, wiederverwendbares Camping-Geschirr um. Es ist zwar teurer als Papp-Teller, lohnt sich aber über die Jahre.**

---

Käsespieße sind lecker, aber denke auch hier daran, zur Alternative aus Holz oder Metall zu greifen.

# 164 NIE WIEDER PAPPTELLER

# 165 WWOOFING

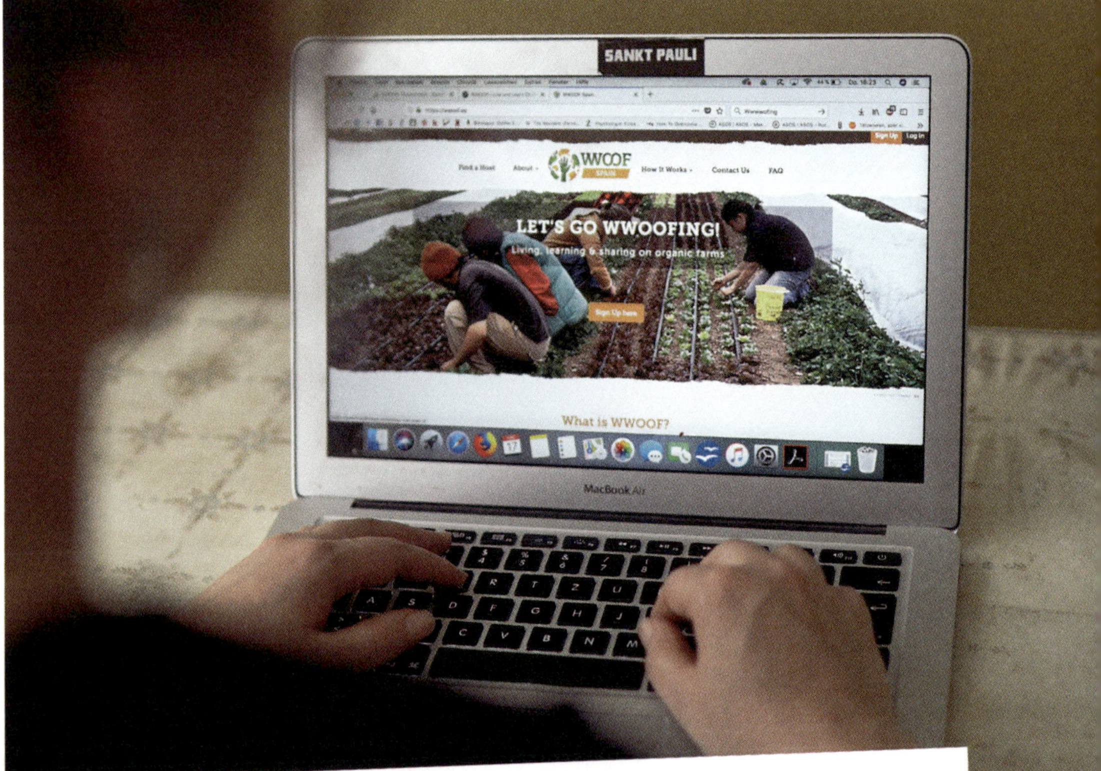


**Eine besonders günstige und gute Art des Reisens ist Wwoofing, was für „World-Wide Opportunities on Organic Farms" steht. Im Rahmen dieses Programms können freiwillige Helfer für Kost und Logis auf Öko-Farmen auf der ganzen Welt mithelfen – für ein Wochenende oder auch für einen längeren Zeitraum. Während dieser Zeit bist du Teil einer familiären Gemeinschaft und bekommst viele spannende Einblicke in Kultur und Landwirtschaft. In der Regel arbeitest du als Wwoofer vier bis sechs Stunden pro Tag, vom Ernte einbringen bis zum Melken der Kühe.**

---

Mehr Infos findest du hier: www.wwoofinternational.org

# 166

# WASSER-TO-GO

**Hast du immer eine Wasserflasche in deiner Handtasche oder in deinem Rucksack, sparst du dir unterwegs und im Urlaub das Kaufen von Limo & Co., die meist teuer in Plastikflaschen verkauft werden. Achte beim Kauf einer neuen Flasche darauf, dass sie gut dicht hält, leicht zu reinigen ist, frei von Schadstoffen ist und möglichst lange hält. Am besten geeignet sind Glas und Edelstahl. Auch gut: eine Standard-Wasserflasche mehrfach verwenden und regelmäßig ausspülen.**

---

Es gibt in Deutschland über 1000 Stationen, wo du dein Wasser gratis wieder auffüllen kannst.

167

# NO SOUVENIRS

**Urlaubsandenken sind schön, kein Frage, doch leider oft mehr als bedenklich. Das gilt vor allem für Regionen, in denen Souvenirs aus bedrohten tierischen oder pflanzlichen Materialien hergestellt werden. Ein absolutes No-Go sollten Produkte aus Tierfellen, Hörner oder Zähne von Nashörnern und Elefanten sowie Schmuck aus Schildplatt von Schildkröten sein. Auch lebende Souvenirs gehen gar nicht. Setze lieber auf regionales Handwerk, mit dem du die Menschen vor Ort direkt unterstützt, wie Töpferwaren und Glas. Aber auch hier gilt: besser nachfragen, woraus Schmuck, Schlüsselanhänger & Co. bestehen.**

---

Informiere dich über Ausfuhrverbote deines Urlaubslandes. Schlimmstenfalls können Bußgelder oder sogar Haftstrafen erfolgen.

Egal ob zu Hause oder im Urlaub – Kippen-Stummel gehören nicht auf den Gehweg, ins Gebüsch, in den Sand oder gar ins Meer. Die Filter sind zwar biologisch abbaubar, doch das kann je nach Umfeld mehrere Jahre dauern. Bis dahin können die Tiere und andere Organismen die Schadstoffe aus den Zigarettenresten jederzeit aufnehmen. Besser ist es darum, wenn du dir einen praktischen To-Go-Aschenbecher aus einer leeren Bonbon-Dose bastelst. Dose ggf. mit Tape oder Geschenkpapier-Resten verschönern.

168

# ASCHENBECHER-TO-GO

169

# URLAUBS-WASSER-SPENDER

Wenn du deine Pflanzen auch während deines Urlaubs gut versorgt wissen möchtest, kannst du aus PET-Flaschen praktische Wasserspender bauen.

Entferne den Deckel von einer 0,5-Liter-PET-Flasche. Entferne den Schraubverschluss und bohre mit dem Korkenzieher 3 Löcher in den Deckel.

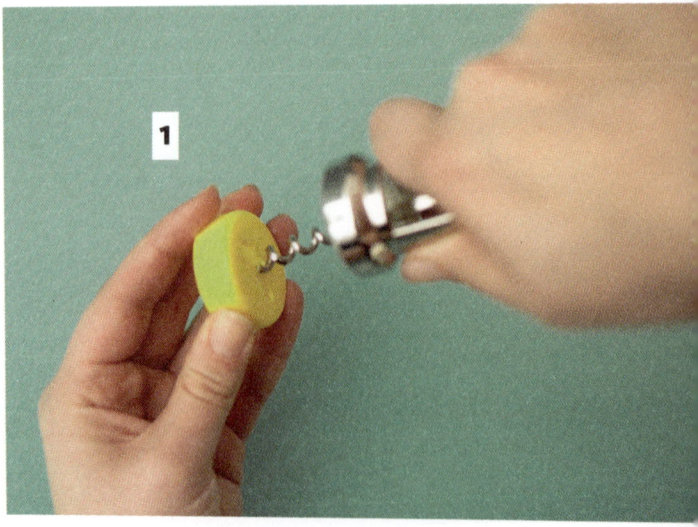

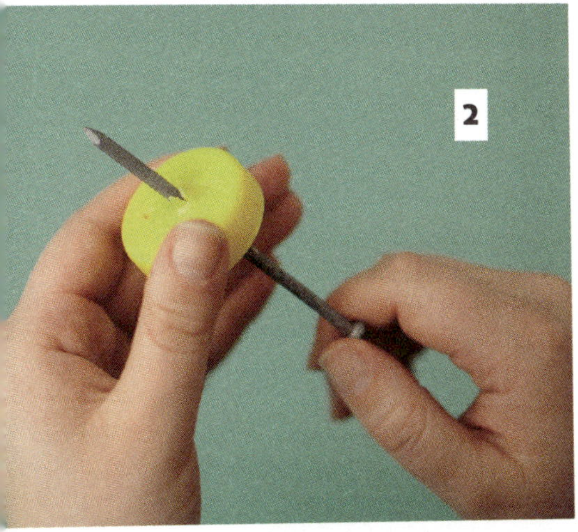

2

Durch das mittlere Loch steckst du nun einen ca. 10 cm langen Nagel so, dass er nach außen zeigt.

3 Flasche mit 250 ml Wasser füllen und den Deckel wieder aufschrauben.

Wasserspender kopfüber in den Blumenkübel stecken.

4

# 170 SMARTPHONE-STATIV

**Kaffeebecher aus Pappe solltest du nach Möglichkeit nicht kaufen, denn der dadurch entstehende Müll belastet die Umwelt sehr. Wenn du im Urlaub aber mal nicht drum herum kommst, solltest du den Becher nicht wegwerfen, sondern nutzen – und zwar als cooles Stativ, das quasi nichts wiegt. Einfach den Becher umdrehen, zwei kleine Ecken aus dem Rand ausschneiden und dein Smartphone hineinsetzen. Und nun: Selbstauslöser an und auf geht's!**

---

Wechsle ruhig mal die Perspektive und stelle das Stativ auf eine Erhöhung bzw. nach unten auf den Boden.

**Geht's in deinem Koffer auch immer drunter und drüber? Mit selbst geschneiderten Ordnungsbeuteln passiert dir das nicht mehr! Die Beutel schneiderst du am besten aus einer ausgesonderten Bettwäsche. Dazu ein Rechteck in Wunschgröße ausschneiden, auf links drehen, mittig falten und die Seiten links und rechts vernähen. Die Öffnung mit einem Reißverschluss, Druckknöpfen oder einem Gummibund versehen. Im ersten Beutel landet nun deine Unterwäsche, im zweiten landen deine Socken und im dritten deine T-Shirts.**

---

Beutel alternativ mit einem Zopfgummi verschließen.

# 171 ORDNUNGS-HELFER

172

# LET'S GET LOUD

**Auch eine leere Chipsdose ist noch lange kein Fall für die Mülltonne, denn daraus kannst du schnell und unkompliziert einen coolen Smartphone-Lautsprecher für den nächsten Camping-Urlaub basteln.**

---

**Chips aufessen und die Dose reinigen.**

1

2

**Dose von außen mit farbigem Papier, Fotos & Co. bekleben, wenn sie optisch mehr hermachen soll.**

**Sprich dich mit deinen Campingplatz-Nachbarn ab und halte dich an die Ruhezeiten, vor allem, wenn Kinder in der Nachbarschaft wohnen.**

3

Nun mit einem Cutter einen Schlitz in Smartphone-Größe in den hinteren Teil der Dose schneiden.

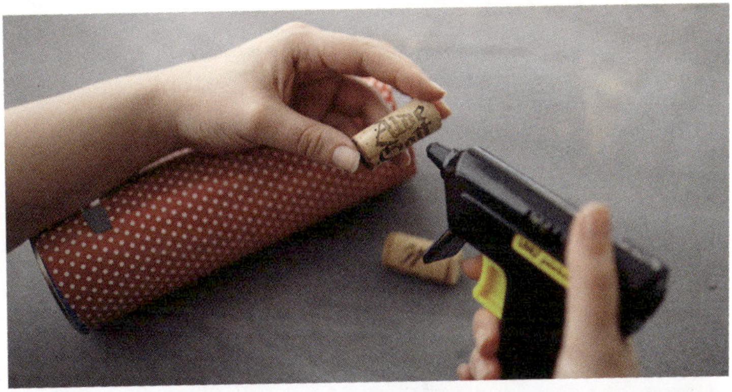

Als Füße drei Wein-Korken unter die Dose kleben.

4

173

# SCHUTZ VOR SCHMUTZ

**Auf Reisen können dir Plastiktüten gute Dienste erweisen, weshalb du sie unbedingt aufbewahren solltest, falls du mal eine kaufen musst. Darin kannst du nicht nur deine Schuhe prima transportieren, sondern auch deine Kosmetikartikel lagern. So sind deine Kleider im Koffer oder im Rucksack gut vor Schmutz und Feuchtigkeit geschützt.**

---

Wer vorm Urlaub keine Tüte zur Hand hat, benutzt einen Müllbeutel.

**Mücken-Sprays stecken voller Chemie, riechen extrem künstlich und können zu Hautreizungen führen. Eine natürlichere Alternative ist kaltgepresstes Bio-Kokosöl. Einfach damit einreiben, Mücken fernhalten und gleichzeitig auch noch die Haut pflegen.**

---

Hilft auch direkt auf dem Stich, wenn dich doch eine Mücke erwischt hat. Das Öl wirkt entzündungshemmend und lindert den Juckreiz.

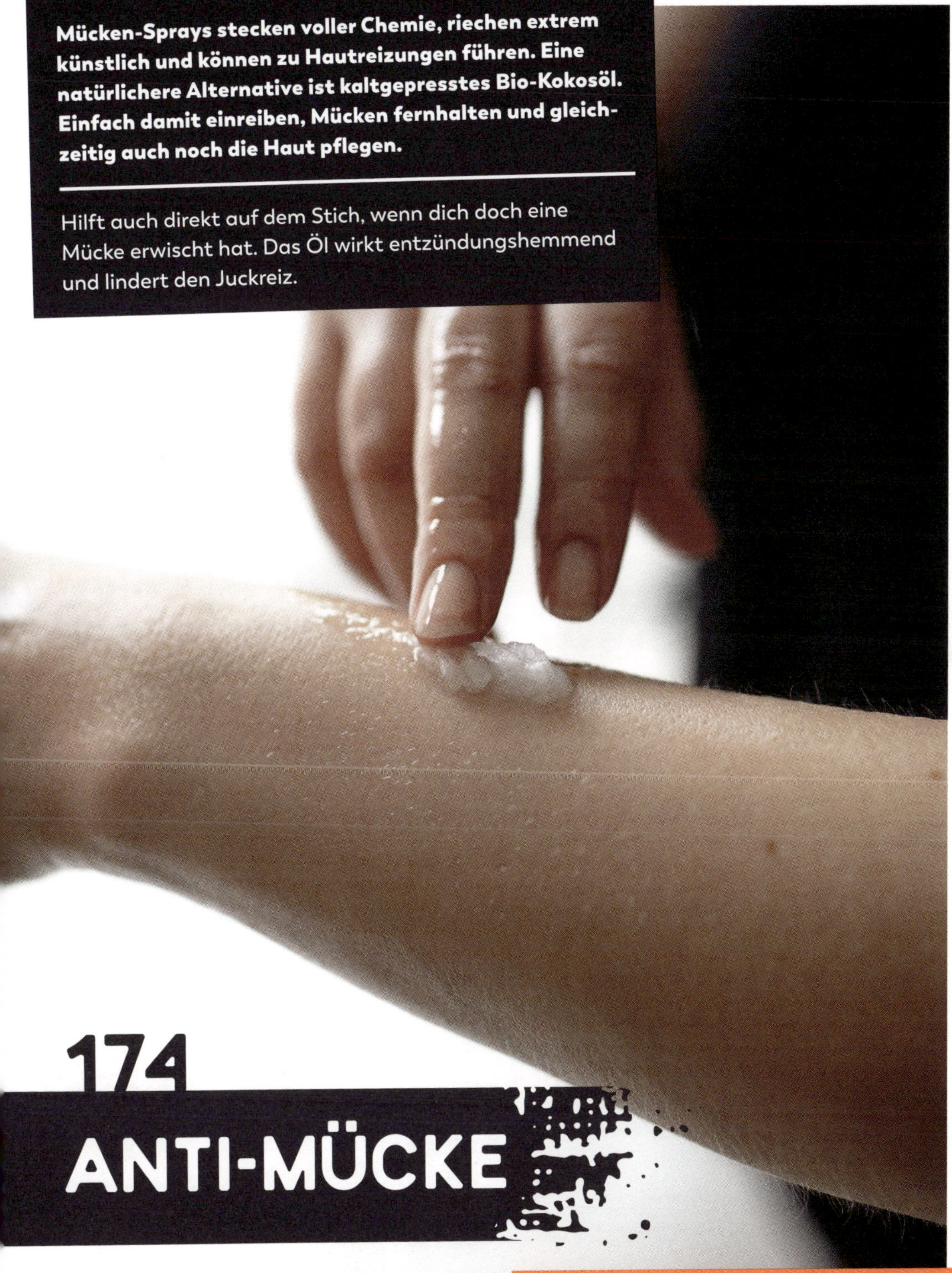

# 174 ANTI-MÜCKE

Gerade in den Ferien locken Tierparks und exotische Aquarien mit Vergünstigungen für die ganze Familie oder besonderen Aktionen. Im Sinne des Tierschutzes solltest du diese Institutionen jedoch nicht unterstützen, denn auch wenn sich die Haltung der Tiere in den letzten Jahren bereits verbessert hat, ist sie noch lange nicht artgerecht. Vor allem große Tiere wie Elefanten & Co. haben dort viel zu wenig Platz zum Leben und müssen sich den ganzen Tag von einer Schar von Touristen ansehen und sogar anfassen lassen. Das entspricht jedoch ganz und gar nicht ihrem Naturell, weshalb du Zoos besser nicht besuchen solltest. Das Gleiche gilt übrigens auch für Zirkusse, in denen Tiere auftreten müssen.

# 175

# ZOO? NEIN DANKE!

Möchtest du deinen Kids trotzdem gerne ein paar Tiere zeigen, solltest du einen schönen Bio-Bauernhof besuchen. Hier haben Kühe, Pferde und Ziegen in der Regel jede Menge Auslauf und führen ein friedliches Leben.

**Bonbon-Dosen solltest du nicht wegwerfen, sondern unbedingt aufbewahren. Im Urlaub können sie dir nämlich viele gute Dienste leisten und sorgen dafür, dass nichts im Rucksack oder im Koffer herumfliegt. Schmuck, Medikamente, Gewürze – damit hast du alles schnell parat.**

---

Dosen beschriften, damit du weißt, was drin steckt.

# 176 PRAKTISCHE DÖSCHEN

# 177 PICKNICK

**Eier- und Schokokuss-Kartons solltest du unbedingt aufbewahren, denn darin kannst du druckempfindliche Speisen wie Trauben, Pflaumen oder Tomaten prima transportieren.**

Beide Verpackungen machen sich auch gut als Mini-Gewächshaus, siehe Seite 278.

178

# ZUG STATT FLUGZEUG

Einige Reiseziele erreichst du nicht nur mit dem Flieger, sondern auch mit der Bahn ganz bequem – und zwar deutlich umweltfreundlicher und oft auch günstiger, wenn du clever buchst. Schau am besten bei den gängigen Anbietern nach, ob es noch Sparpreise gibt, das sind Tickets, die günstiger sind als der Normalpreis. Auch einige Supermarkt-Discounter bieten mehrmals im Jahr extra günstige Zugtickets an, mit denen du durch ganz Deutschland reisen kannst. Kinder und Enkelkinder reisen oft sogar kostenlos mit, wenn du sie bei der Buchung angibst.

**Ansonsten gilt: Gruppenreisen sind meistens deutlich günstiger. Es lohnt sich also, im Freundes- und Bekanntenkreis nach Fahrgemeinschaften zu fragen – oder einfach einen gemeinsamen Ausflug oder Urlaub zu planen.**

**Auch Bus-Reisen sind deutlich umweltfreundlicher.**

# 179 FRISCHLUFT TANKEN

**Auch deine Kids kannst du prima mitnehmen, zum Beispiel in einem Kindersitz oder in einem Chariot-Anhänger.**

**Jedes Mal, wenn du dein Auto stehen lässt und stattdessen zu Fuß gehst, die Inline Skates oder das Fahrrad benutzt, tust du etwas Gutes für deine Gesundheit und die Umwelt. Das Tolle: Du bist an der frischen Luft und tust gleichzeitig etwas dafür, dass sie auch frisch bleibt.**

**Ausreden gibt es nicht: Wem das Radfahren zu anstrengend ist, für den ist ein Elektrofahrrad eine praktische Alternative. Es ist zwar etwas teurer in der Anschaffung, lohnt sich aber langfristig.**

**Wer Geld sparen möchte, benutzt die öffentlichen Stadträder, die es zumindest in den deutschen Großstädten – und oft auch in anderen internationalen Großstädten – bereits flächendeckend gibt.**

# 180

# ÖKO-KOHLE

**Hast du schon einen Holzkohle-Grill im Keller stehen, kannst du diesen natürlich behalten. Bedenke aber, dass Holzkohle größtenteils importiert wird, zum Beispiel aus Polen und Paraguay. Oft ist sie ein Nebenprodukt, das bei der (zum Teil illegalen) Waldrodung entstanden ist. Ein guter Grund, um von Holzkohle auf Öko-Kohle umzusteigen, die du in der Regel online bestellen kannst. Gut verträglich sind Kokos- und Bambus-Kohle.**

---

Statt chemischen Grillanzündern auf Kaminanzünder umsteigen. Sie bestehen aus nachwachsenden Rohstoffen.

**Gerade im Sommer macht das Grillen großen Spaß. Statt Holzkohle- oder Einweg-Grills und Alu-Schalen solltest du am besten zum Elektro-Grill greifen, denn er hat die beste Ökobilanz.**

---

Statt einen eigenen Grill anzuschaffen kannst du dir auch einen Grill bei Freunden und Nachbarn leihen.

# 181 GRILL-PARTY

182

# SPENDER-TO-GO

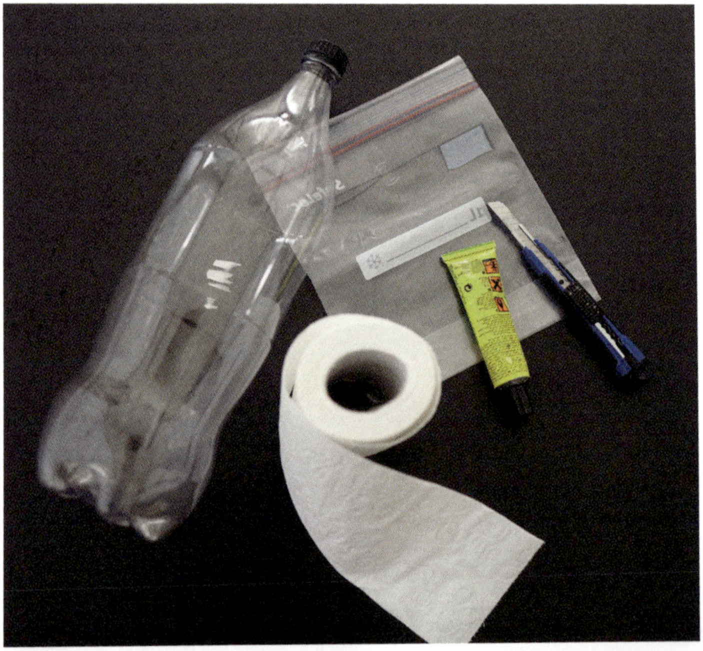

Es kann nicht schaden, immer eine Rolle Toilettenpapier im Auto zu haben, denn auf vielen Raststätten und öffentlichen WCs ist es absolute Mangelware. Das gilt natürlich auch für Ausflüge ins Grüne, zum Beispiel beim Wandern. Damit das Papier nicht wild herumfliegt, dreckig oder feucht wird, solltest du es gut verpacken.

Schneide das obere Drittel einer 2-Liter-PET-Flasche mit einem Cutter ab.

2

Nun nimmst du einen Zipper-Gefriebeutel, schneidest die Unterseite auf und klebst ihn von unten in die Flasche, so dass der Zipp nach unten zeigt.

3 Flaschendeckel entfernen. Toilettenpapier etwas abspulen und das Ende von oben durch die Flaschenöffnung fädeln.

Rolle in die Flasche stecken, Tüte verschließen, Deckel drauf.

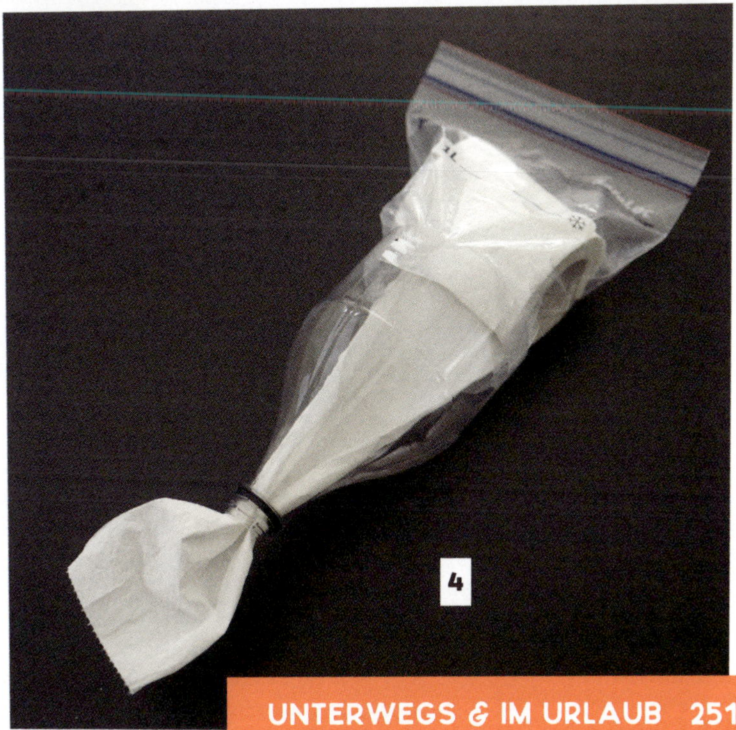

4

## 183
# AM FLUGHAFEN

**Am besten nimmst du deine Edelstahl-Trinkflasche auch mit in den Urlaub, denn so ersparst du dir und der Umwelt vor Ort den Kauf von teuren Getränken und Plastikflaschen. Wichtig: Möchtest du deine Flasche mit in den Flieger nehmen, muss sie vor dem Sicherheitscheck leer sein. Wenn du durch bist, kannst du sie im WC-Waschbecken wieder mit Leitungswasser auffüllen.**

---

Informiere dich vor Abreise, ob man das Wasser in deinem Urlaubsland bedenkenlos trinken kann.

# 184
# EISKALTE FÜSSE

**Machst du in einer Ferienwohnung Urlaub, gibt es in der Regel einen Kühlschrank mit Eisfach. Füllst du leere PET-Flaschen mit Wasser und legst sie ins Eisfach, kannst du abends nach dem Sightseeing deine Füße drüberrollen. Wirkt wie eine Mini-Massage.**

---

Möchtest du die Flaschen am nächsten Tag wieder als Trinkflasche verwenden, solltest du sie vorher gründlich abspülen.

185

# SEI DEIN GAST

**Wie sagt man so schön: Warum in die Ferne schweifen, wenn das Gute liegt so nah? Statte deiner örtlichen Touristeninformation also mal wieder einen Besuch ab und tu so, als wärst du Gast in deiner eigenen Stadt und Umgebung. Jede Wette, dass es diverse Freizeitangebote gibt, von denen du noch nie gehört hast, genau wie Sehenswürdigkeiten, die du nur von außen oder gar nicht kennst. Machst du Ferien in deiner eigenen Stadt, sparst du also nicht nur jede Menge Geld, sondern auch Emissionen.**

**Auch Reiseblogger haben tolle Tipps auf Lager und viele Angebote schon getestet. Einfach „Reiseblog“ und deinen Heimatort googeln.**

# 186
# SPRIT SPAREN

**Je geringer dein Spritverbrauch, desto weniger $CO_2$-Ausstoß. Neben der Wahl des richtigen Autos kannst du auch beim Fahren jede Menge sparen:**

**1 Niedertourig fahren:** Schalte bei Tempo 30 in den dritten Gang, bei 40 in den vierten, bei 50 in den fünften Gang. Durch das frühe Hochschalten sinken Kraftstoffverbrauch und Geräuschpegel. Bei Automatik die Ökotaste benutzen und aufs Sportprogramm verzichten.

**2 Vorausschauend fahren:** Versuche überflüssiges Bremsen und Beschleunigen zu vermeiden. Halte dabei aber natürlich immer genügend Sicherheitsabstand.

**3 100 fahren:** Je schneller du fährst, desto höher der Kraftstoffverbrauch. Das gilt vor allem für Geschwindigkeiten ab 100 km/h.

**4 Druck kontrollieren:** Kontrolliere deinen Reifendruck. Ist er zu gering, verbrauchst du mehr Sprit und erhöhst das Risiko von Reifenverschleiß.

**5 Jahreszeiten beachten:** Winterreifen verursachen einen höheren Kraftstoffverbrauch und nutzen schneller ab. Im Sommer solltest du darum wechseln.

4

**6 Ballast abwerfen:** Je mehr Gepäck, desto höher der Spritverbrauch. Montiere also ungenutzte Dachgepäckträger & Co. ab, wenn du sie nicht brauchst. Auch sinnvoll: Kofferraum entrümpeln.

**7 Klima aus:** Nebenaggregate wie die Klimaanlage ziehen Strom und verbrauchen somit Kraftstoff. Nur anschalten, wenn du sie wirklich brauchst. Besser im Schatten parken.

**8 Motor aus:** Wenn du länger als 30 Sekunden stehen bleibst, solltest du den Motor ausschalten. Im Leerlauf produziert das Auto mehr Schadstoffe als bei einem Neustart.

**9 Fahrrad nehmen:** Kurzstrecken verbrauchen mehr Sprit als Langstrecken, denn der Motor muss sich erstmal warmlaufen, bis sich der normale Verbrauch einstellt. Bei Strecken unter 4 km ist das noch nicht gegeben. Darum bei kurzen Distanzen besser zu Fuß gehen oder das Rad nehmen.

# NOTIZEN

**AHA!**

Im Meer schwimmen unfassbare Mengen Plastikmüll, an denen Seevögel und Fische immer wieder qualvoll verenden. Doch wie gelangt der ganze Müll eigentlich dorthin? Ein großes Problem stellen Länder dar, in denen es keine kontrollierte Abfallsammlung gibt, zum Beispiel Südostasien. Der Müll wird dort nicht gesammelt, getrennt und recycelt, sondern einfach irgendwo abgeladen. Über Flüsse gelangen Flaschen, Tüten & Co. so mit der Zeit ins Meer.
Aber auch Touristen, die ihren Müll unachtsam am Strand liegen lassen, fördern die Müll-Menge in den Ozeanen. Einen großen Teil machen auch mikroskopisch kleine Plastikpartikel in Kosmetikprodukten und Kunststofftextilien aus, die von der Dusche übers Abwasser ins Meer gelangen, ohne dass wir das mitbekommen. Darum: Je weniger Plastikmüll entsteht, desto sicherer werden unsere Meere wieder. Jeder von uns kann einen einfachen Beitrag leisten, wenn wir auf Produkte mit Mikroplastik verzichten und dafür sorgen, dass am Strand kein Müll liegen bleibt. Die Vögel, die Fische und das Meer werden es uns danken.

# Kind & Kegel

Kauft euer Eis in der Eisdiele – und zwar in der Waffel, nicht im Becher. Spart unnötigen Müll und schmeckt auch noch besser.

187

Nachhaltigkeit kann man gar nicht früh genug erlernen – und das am besten spielerisch. Zeige deinen Kids, wie einfach man aus Verpackungen, Konservendosen, Kronkorken und Milchtüten die tollsten Schätze basteln kann. Manche Kids sind uns sogar weit voraus und hinterfragen alles rund um den Nachhaltigkeits-Aspekt.

188

# FÜR WINDELPUPSER

**Windeln sind nicht nur teuer – sie produzieren auch Unmengen an Müll. Stoffwindeln sind eine tolle Alternative, da sie nach Benutzung bei 60 Grad gewaschen werden können und somit mehrfach verwendbar sind. Falls du Angst hast, dass bei den Stofftüchern etwas daneben gehen könnte, brauchst du dich nicht zu sorgen. Darüber kommt nämlich noch eine Windel-Überhose, die alles an Ort und Stelle hält.**

Sie duften herrlich, aber in vielen Feuchttüchern stecken leider gesundheitsgefährdende Konservierungsmittel. Außerdem produziert man damit jede Menge Müll. Umweltfreundlicher ist es, wenn du deine Feuchttücher selbst herstellst, zum Beispiel aus alten Shirts, Bettwäsche oder Handtüchern, die du nicht mehr benutzen möchtest. Eingetunkt in Kokosöl reinigen sie den Baby-Popo hervorragend – und du kannst sie danach gleich in die Wäsche geben, waschen und erneut verwenden.

189

# SOFTE BABY-POPOS

# 190

# NEUE RHYTHMEN

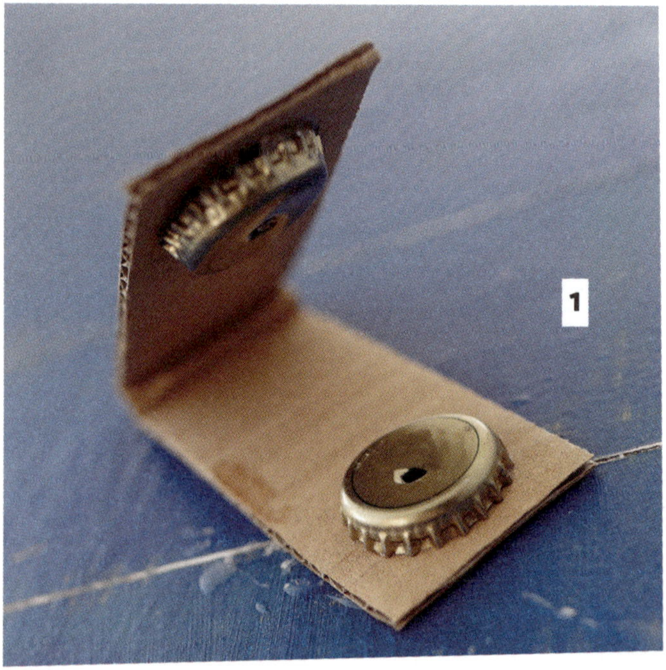

**Deine Kids lieben Musik? Klasse! Mit ein paar Handgriffen könnt ihr gemeinsam ein paar coole Instrumente bauen.**

**Für klackernde Kastagnetten brauchst du einen Streifen Pappe und zwei Kronkorken. Knicke den Streifen in der Mitte und befestige an beiden Innenseiten-Enden einen Kronkorken so, dass sie übereinander liegen.**

**Statt Kronkorken kannst du auch Walnussschalen verwenden.**

**Einen Schellenkranz bastelt ihr im Handumdrehen aus einem Kleiderbügel aus Draht und Kronkorken. Öffne zuerst den Kleiderbügel und fädel dann die Kronkorken darauf. Die Löcher hämmerst du mit Hammer und Nagel hinein.**

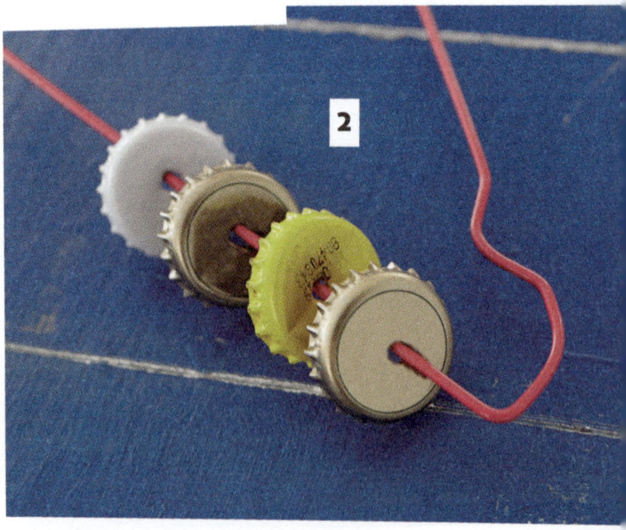

**Ein Glockenspiel zaubert ihr aus ausrangierten Gläsern, die unterschiedlich voll mit Wasser gefüllt werden. Wenn man danach mit einem Löffel an die Gläser schlägt, entstehen unterschiedliche Töne.**

**Alles, was einen Deckel hat, kannst du zur Rassel umfunktionieren, zum Beispiel ein Glas mit Schraubdeckel, eine alte Teedose oder die Verpackung eines Überraschungseis. Einfach mit Reis füllen und losschütteln.**

# 191 KIDS-PARTY

**Deko-Artikel für Kindergeburtstage bestehen meistens aus grellem Plastik und sind zudem unnötig teuer. Zum Glück kannst du die Deko auch aus deinen gesammelten Papierresten herstellen. Dazu eignet sich im Prinzip alles, was kunterbunt ist: Flyer, Geschenkpapier-Reste, Prospekte oder auch Hochglanz-Anzeigen aus Magazinen. Falte das Papier gemeinsam mit deinen Kids zu einer Ziehharmonika und knicke diese in der Mitte zusammen. Nun zu beiden Seiten auffächern und an den Enden zusammenkleben. Danach das Papier auf einen stabilen Girlanden-Faden fädeln.**

---

Auch schick: Papier an Fäden von der Decke baumeln lassen.

# 192 DOSEN-STELZEN

**Diese coole Upcycling-Idee kennen viele sicher noch aus Kindertagen, denn Dosenstelzen kommen bei allen Kids gut an. Für ein Paar Stelzen brauchst du zwei gleich große, stabile Konserven. Leeren, säubern und danach mit Hilfe eines Bohrers oder Hammer und Nagel auf gegenüberliegenden Seiten löchern. Nun ein stabiles Band durch die Löcher ziehen und so verknoten, dass die Bänder nicht aus den Löchern flutschen können. Jetzt können deine Kleinen sich mit den Füßen auf die Dosen stellen, sich an den Seilen festhalten und durch die Wohnung oder den Garten stolzieren.**

Auf dem nächsten Kindergeburtstag kannst du ein Wettrennen veranstalten.

# 193
# ZEIT SCHENKEN

**Möchtest du verhindern, dass deine Kinder, Enkel oder Patenkinder zum Geburtstag oder an Weihnachten in Plastik-Spielzeug ertrinken, das irgendwann doch nur ungenutzt in der Ecke liegt, kannst du den Kleinen in Zukunft stattdessen lieber etwas „Zeit" schenken. Wie wäre es zum Beispiel mit einem Ausflug in den Zirkus, ins Kinder-Theater oder ins Kino? Die Kids werden sich garantiert riesig über einen Ausflug mit dir freuen und sich noch lange daran zurück erinnern.**

---

Auch Erwachsene freuen sich über Zeit-Geschenke, wie ein Abendessen, einen Kinobesuch oder einen Ausflug zum See.

**Kinder lieben es zu malen. Dafür brauchst du jedoch nicht ständig neue Malblöcke zu kaufen. Frag lieber im Freundes- oder Kollegenkreis herum, ob noch jemand eine angebrochene Tapetenrolle im Keller liegen hat. Diese hängst du einfach an zwei Haken und einer dicken Kordel im Kinderzimmer auf.**

Hänge mehrere Tapeten übereinander, sodass eine XXL-Malwand entsteht.

# 194

# MAL-PARADIES

# 195 NACHHALTIG SCHENKEN

Zu den schönsten und nachhaltigsten Geschenken gehört Zeit (siehe Seite 270). Wenn es doch ein materielles Geschenk sein soll, beachtest du am besten diese Punkte:

1 Erfülle konkrete Wünsche, statt „irgendwas“ zu kaufen. So vermeidest du ungeliebte Geschenke, die im Müll landen oder keine Freude machen.

2 Der Beschenkte wünscht sich Kosmetik, Parfum oder kulinarische Leckereien? Dann erfülle diesen Wunsch, aber in der Bio-Variante. Von Duschgel bis Schokolade kannst du fast alles in der nachhaltigen Variante erwerben.

3 **Wie wäre es zur Abwechslung mit einem coolen Do-it-yourself-Geschenk?** In unserem Upcycling-Kapitel findest du viele einfache Anleitungen, wie du aus Verpackungen, alten Büchern & Co. echte Schätze zaubern kannst. Auch gut: Essen schenken. Ein paar Gläser selbst gemachte Marmelade, ein selbst hergestellter Aufstrich oder ein Kräuter-Pesto – wenn es aus eigener Ernte und von Herzen kommt, wird sich der Beschenkte gleich noch mehr freuen!

4 Schnittblumen sind schön anzusehen, halten aber nicht sonderlich lange. Die langlebige Alternative ist eine Topfpflanze. Auch gut: Kräuter im Topf oder auch ein kleines Obstbäumchen. Wenn es doch Schnittblumen sein sollen, solltest du auch Hack 20 beherzigen.

5 Auf Flohmärkten findest du schöne Second Hand-Geschenke wie Schmuck, Kleider, alte Platten oder Bücher – und das für kleines Geld.

6 Schenke Gutes, und zwar indem du im Namen des Beschenkten ein Umwelt- oder Tier-Projekt unterstützt. Hier gibt es auch tolle Patenschaften, die jeden begeistern.

# 196

# DIY-EIS

**Eis schmeckt nicht nur Kindern, sondern auch Erwachsenen. Leider steckt jedoch jedes Eis am Stiel in einer Plastikverpackung, genau wie Eiscreme in Literbehältern. Mit diesem Rezept kannst du Früchte-Eis selbst herstellen.**

**70 g Puderzucker und 150 g Obst pürieren, z. B. Erdbeeren.**

**125 ml Milch und 4 TL Zitronensaft unterrühren.**

**50 ml Sahne steif schlagen und unterrühren.**

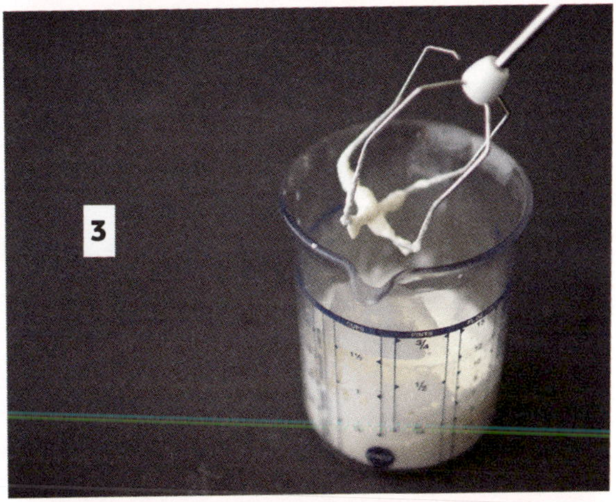

**Behälter mit der Erdbeermasse in die Kühltruhe stellen. Ab und zu kontrollieren, ob die Masse gefriert. Sobald sich erste Kristalle bilden, kräftig umrühren. Vier- bis fünfmal im Dreißig-Minutentakt wiederholen.**

Auch lecker für Kinder: Pürierte Banane einfrieren.

**Kinder lieben es, mit Farbe kreativ zu werden. Besonders viel Spaß macht das Stempeln. Aus Papierrollen kann man jede Menge tolle Stempel herstellen, aber vor allem hübsche Blumen. Einfach die Form hineinschneiden, nach hinten knicken, in die Farbe tunken und loslegen. Nach dem Benutzen trocknen lassen, dann kann man sie problemlos mehrfach verwenden.**

Die Farbe stellst du am besten selbst her. Pro Farbton Lebensmittelfarbe, 100 ml warmes Wasser und 3–4 EL Mehl klumpenfrei verrühren. Die Farbe hält sich im Kühlschrank 1–2 Wochen.

# 197 DIY-STEMPEL

**Dieses Spiel kennen viele von uns sicher noch aus Kindertagen. Aus Klopapierrollen kann man es ganz einfach nachbasteln und spart sich die Plastik-Variante. Dazu brauchst du eine Rolle, einen 30 cm langen Wollfaden und eine Holzkugel mit Loch. Faden an der Kugel festknoten, das andere Ende in der Rolle befestigen. Nun muss die Kugel so hoch geschwungen werden, dass man sie mit der Rolle auffangen kann – gar nicht so einfach.**

---

Rolle mit Bildern aus Zeitschriften oder Geschenkpapierresten bekleben, dann macht sie ein bisschen mehr her.

# 198 KINDERSPIEL

199

# MINI-GEWÄCHSHAUS

**Empfindliche, schutz- und wärmebedürftige Pflanzen solltest du auf einer sonnigen Fensterbank im Haus vorziehen. Das funktioniert prima in leeren Eierkartons und ist perfekt geeignet, um deine Jüngsten ans Gärtnern heranzuführen.**

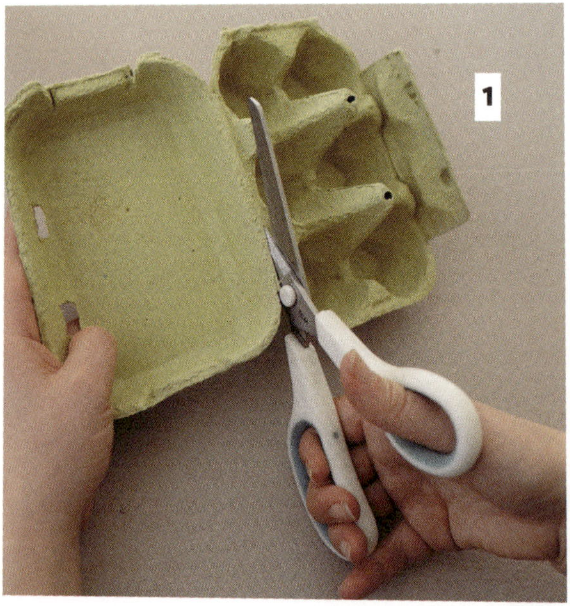


**Deckel abtrennen und das Unterteil in den Deckel stellen.**

Mit nährstoffarmer Anzuchterde füllen und die Samen leicht hineindrücken.

Nun eine dünne Schicht Erde darüber sieben und wässern.

Eierpappe in eine transparente Tüte oder einen Gefrierbeutel stecken, oben zubinden, Luftloch lassen und regelmäßig befeuchten.

**Aus Pappverpackungen kannst du gemeinsam mit deinen Kindern Weihnachtsbaumschmuck ausschneiden. Sterne, Engel, Tannenbäume – eurer Fantasie sind keine Grenzen gesetzt. Danach könnt ihr die Figuren mit umweltfreundlicher Bastelfarbe färben oder aber auch im Naturton am Baum befestigen. Dazu einfach einen Faden durch die Pappe fädeln.**

---

Lametta funkelt und glitzert, doch das enthaltene Blei belastet die Umwelt. Besser nicht an den Baum hängen.

# 200 PAPP-SCHMUCK

# 201 DOSEN-WERFEN

**Jedes Kind kennt das berühmte Dosenwerfen vom Jahrmarkt. Ein cooles Spiel, das ordentlich Lärm und Radau macht. Sammelst du über das Jahr 10 leere Konservendosen, kannst du das Partyspiel beim nächsten Kindergeburtstag auch aufbauen. Die Kleinen werden es lieben!**

Dosen bunt besprühen, bemalen oder in farbiges Papier wickeln.

202

# OSTEREIER GANZ NATÜRLICH

**Möchtest du an Ostern nicht auf bunt gefärbte Eier verzichten, kannst du mit deinen Kids zusammen auf diese natürliche Färbe-Variante ausweichen. Besonderer Effekt dabei: Die Eier bekommen einen coolen Marmoriert-Look.**

---

**Gelb: 30 g Kurkuma in 500 ml Wasser 10 Minuten kochen.**
**Blau: 200 g Heidelbeeren in 500 ml Wasser 10 Minuten kochen.**
**Eier danach ca. 10 Minuten im gewünschten Farb-Sud kochen.**

---

Eier beim Kochen mit einem Löffel hin und her bewegen.

**Obst und Gemüse werden im Supermarkt oft in Holzkisten verkauft, die du auf Nachfrage garantiert mitnehmen kannst. Stapelst du mehrere übereinander, kannst du darauf ein cooles Mini-Hochbeet für deine Kinder bauen. Darin können sie kleine Leckereien anpflanzen und täglich beobachten, wie die Pflanzen zu voller Größe heranwachsen. Kiste vor dem Einfüllen der Erde mit Teichfolie auslegen und an den Rändern festtackern. Danach ein paar Löcher in den Boden bohren und mit Anzuchterde füllen.**

---

Funktioniert auch mit Obstkisten.

# 203 GÄRTNERN MIT KINDERN

**Deine Kids schlecken im Sommer gerne mal ein Eis am Stiel? Gut, Eis selbst zuzubereiten ist zwar besser, aber wenn es doch mal ein gekauftes Eis geben soll, unbedingt die Holzstiele aufbewahren. Im nächsten Frühjahr kannst du damit deine frisch ausgesäten Gemüsebeete kennzeichnen – oder deine Kräutertöpfe verschönern.**

---

Wie du für deine Kids leckeres Eis zubereitest, erfährst du auf Seite 274.

# 204 KLEINE HELFER

# 205 VERTIKALES GÄRTNERN

**Viele Verpackungen machen auch im Gewächshaus oder auf dem Balkon eine gute Figur – vor allem, wenn du sie übereinander an der Wand anbringst. Besonders Kräuter und Sukkulenten gedeihen prächtig in Konservendosen, oben aufgeschnittenen PET-Flaschen oder leeren Teedosen. Manchmal findet sich auch im Kinderzimmer das eine oder andere Gärtner-Gefäß, zum Beispiel im Strand-Eimer oder in einem Bagger. Deinen Kids gefällt's ganz sicher, wenn ein bepflanzter Bagger von der Decke baumelt.**

---

Dosen farbig ansprühen – am besten natürlich mit biologisch abbaubarer Farbe.

206

# UNKRAUT VERWERTEN

**Im Garten sprießt jede Menge Grünzeug, das zu Unrecht als Unkraut verteufelt wird, dabei kann man es prima essen. Zu den bekanntesten Gewächsen gehören Brennnesseln, Bärlauch, Giersch, Gundermann und Löwenzahn. Zeig deinen Kids bei einer gemeinsamen Kräuter-Wanderung, welche essbaren Schätze die Natur zu bieten hat. Ermahne sie aber auch, nicht einfach ohne dich drauflos zu futtern, da es auch giftige Beeren und Pflanzen gibt.**

1

**Brennnessel:**

Als Tee zubereiten.

**Vorsicht: Bärlauch nicht mit Maiglöckchen verwechseln, die sind hochgiftig! Am besten immer daran riechen.**

**Bärlauch:**

Schmeckt wie Knoblauch, perfekt für Pesto, Dips und Suppen.

**Giersch:**

Scharf, passt gut zu Salaten, Suppen und Kartoffeln.

**Gundermann:**

Herb, leicht minzig, lecker im Quark und in Kräuterbutter. Oder in geschmolzene Zartbitter-Schoki tunken und kalt werden lassen.

**Löwenzahn:**

Lecker als Tee, aber auch in Salaten und Suppen.

# 207
# WINTER-DEKO

**Die Adventszeit ist für Kinder etwas ganz Besonderes. Gemeinsam zu basteln macht jetzt noch mehr Spaß. Wie wäre es zum Beispiel mit einem kleinen Kerzen-Dorf? Alles, was ihr dazu braucht, sind zwei bis drei leere Tetrapacks, die gleiche Menge Teelichter, Transparentpapier und auf Wunsch umweltfreundliche Sprühfarbe in verschiedenen Tönen.**

1

**Mit einem Cutter die obere Hälfte des Tetrapacks entfernen. Danach die untere Hälfte reinigen und gut trocknen lassen.**

**Wenn deine Kids noch klein sind, besser LED-Teelichter verwenden. Echte Kerzen nie unbeobachtet lassen.**

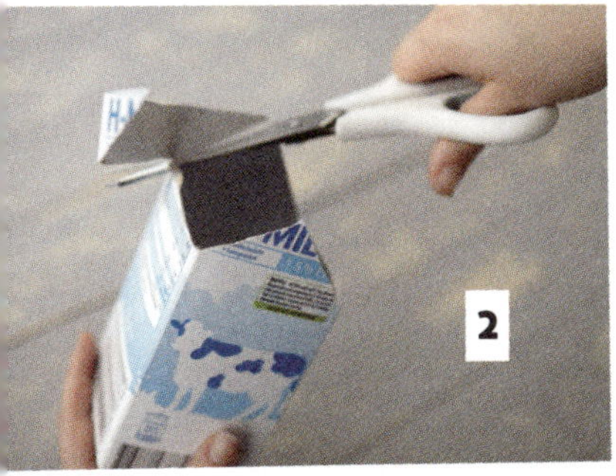


Nun mit der Schere ein Dach in Wunschform ausschneiden, aber nur auf zwei gegenüberliegenden Seiten. Außerdem mit dem Cutter Fenster und Türen ausschneiden.

Möchtest du farbige Häuschen, kannst du sie jetzt an der frischen Luft ansprühen. Dabei am besten Zeitungspapier unterlegen. Gut trocknen lassen.

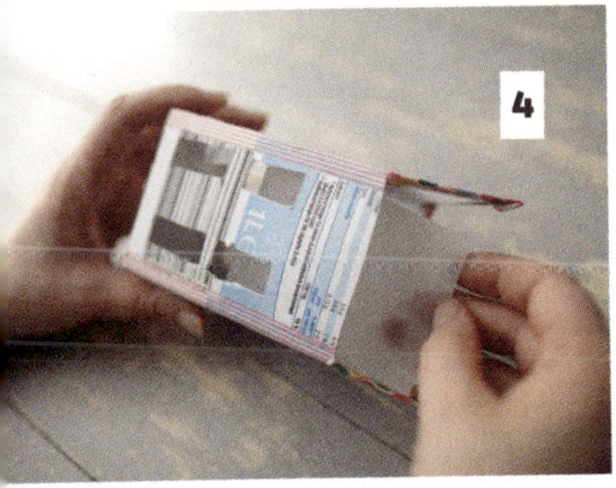


Klebe nun von innen Transparentpapier vor Fenster und Türen.

Alle Häuschen auf einem Tablett arrangieren, aufs Fensterbrett stellen, die Teelichter anzünden und vorsichtig hineinstellen.

# NOTIZEN

**AHA!**

Beim Thema Nachhaltigkeit stellt sich auch die Frage, was für eine Welt wir unseren Kindern und Enkelkindern hinterlassen möchten – und deren Kindern und Enkelkindern. Eines der größten Probleme stellt die hohe $CO_2$-Belastung dar. Hinter $CO_2$ steckt Kohlenstoffdioxid, das eine entscheidende Rolle für unser Klima spielt:
Es absorbiert einen Teil der von der Erde ins Weltall abgegebenen Wärme und strahlt diese zurück zu uns – der sogenannte Treibhauseffekt, der dafür sorgt, dass es auf der Erde warm ist.

Doch: Je mehr $CO_2$ wir heute produzieren, desto mehr heizt die Erde sich über die Jahre hinweg auf. Die Folgen dieser Erderwärmung sind dramatisch. Am stärksten betroffen sind Inseln, Küsten und Länder in der Nähe des Äquators: Dort verlieren z. B. Eisbären durch das Abschmelzen der Gletscher ihren natürlichen Lebensraum und verhungern kläglich. Andere Regionen leiden dagegen unter extremer Hitze und ausbleibendem Regenfall. Verhindern können wir all das nur, wenn wir weniger $CO_2$ produzieren und dafür sorgen, dass unsere Wälder nicht gerodet werden. Denn: Bäume filtern $CO_2$ und produzieren Sauerstoff, außerdem kühlen sie die Erde. Mit jedem Verzicht auf Auto, Flugzeug & Co. leistest du also nicht nur einen bedeutenden Beitrag fürs Klima, sondern auch für deine Kinder.

# Nachhaltigkeit „express"

208

Putzmittel solltest du aus deinem Haushalt streichen, denn die Chemikalien belasten die Umwelt. Das Tolle: Essig und Zitrone reinigen ebenso gut. Mehr dazu im Kapitel „Frisch & sauber".

cubiona
100 ml

Hier findest du die 15 Basics des nachhaltigen Lebens, die du ganz easy in deinen Alltag integrieren kannst. Mach dich schlau – und du wirst feststellen: Es braucht nicht viel, um umweltfreundlichere Entscheidungen zu treffen. Egal an welcher Ecke du anfängst, es ist die richtige!

209

# UNTERWEGS

**Das Thema Nachhaltigkeit macht auch auf Reisen keinen Urlaub. Versuche auch in den Ferien auf grüne Unterkünfte und umweltfreundliche Verkehrsmittel zu setzen. Am besten sind Ferienziele, für die du nicht unendlich viele Kilometer mit dem Flugzeug oder dem Auto zurücklegen musst, und an denen du dich bequem mit dem Fahrrad oder zu Fuß fortbewegen kannst. Das ist außerdem weniger anstrengend und spart oft viel Geld. Und wenn du dann angekommen bist, gilt auch hier: Ernähre dich möglichst saisonal und regional, so unterstützt du die Landwirtschaft vor Ort – und es macht einfach Spaß, die lokalen Leckereien auszuprobieren!**

---

Mehr dazu erfährst du im Kapitel Unterwegs & im Urlaub.

# 210 ESSEN

**Kaufe so viel wie möglich bio, regional, saisonal, unverpackt – am besten direkt vom Bauern oder vom Wochenmarkt, wenn du kannst. Iss fünf Tage die Woche vegetarisch, gönne dir maximal einmal die Woche Bio-Fleisch und Fisch aus nicht überfischten Gewässern. Verzichte soweit es geht auf industriell gefertigte Speisen und Getränke. Nicht nur die Umwelt, auch dein Körper wird es dir danken.**

---

Mehr dazu erfährst du im Kapitel Besser essen & trinken.

**Egal ob Land- oder Stadtkind: Obst, Gemüse und Kräuter kannst du auch problemlos selbst anbauen, auf dem Fensterbrett, im Mini-Hochbeet oder im Garten. Dann weißt du genau, wo deine Lebensmittel herkommen und unter welchen Bedingungen sie wachsen und gedeihen. Und Spaß macht es außerdem!**

---

Wie du z. B. empfindliche Pflanzen vorziehst, erfährst du auf Seite 278.

# 211
# ANBAU

# 212 RESTE

**Gute Planung ist alles! Kaufe möglichst ausschließlich nach Einkaufszettel ein und lagere alle Lebensmittel ihren Bedürfnissen entsprechend. So vermeidest du verdorbene Speisen und sparst dabei noch Geld. Ansonsten gilt: MHD nicht als Gesetz, sondern als grobe Empfehlung betrachten. Außerdem kannst du nach neuen Rezepten im Internet suchen und viele spannende Reste-Essen ausprobieren oder Gemüsereste zu Gemüsebrühe verarbeiten.**

Mehr dazu erfährst du im Kapitel Besser essen & trinken.

**Mit Rucksack, Einkaufskorb oder Jutebeutel ausgestattet, am besten Second Hand und Fair Trade. Beim Einkauf von Lebensmitteln: Auf faire Herstellungsbedingungen (Siegel) achten, zum Beispiel beim Kaffee. Du kannst auch alternative Transport-Behältnisse mitbringen wie Edelstahl-Boxen, Tupperware & Co, wenn du nicht gerade spontan auf dem Nachhauseweg einkaufst. Auch immer gut ist die Frage: Brauche ich das wirklich? Gute Beispiele: Neuestes Smartphone, das fünfte blaue Kleid, das dritte Paar Sneaker. Manchmal macht es ja auch Spaß, alte Sachen neu zu entdecken – wenn man nur tief genug im Kleiderschrank wühlt.**

---

Mehr dazu erfährst du im Kapitel Nachhaltig einkaufen.

# 213

# EINKAUFEN ODER SHOPPEN

**Prüfe jede Verpackung, die es zu dir nach Hause schafft. Fast alles kannst du upcyceln oder in der Küche zweitverwerten, vor allem Schraubgläser, Konserven und Metalldosen, aber auch alle Arten von Pappkarton und Papier. Zur Not erstmal zwischenlagern und später verwenden, zum Beispiel beim Basteln mit den Kids. Cooler Nebeneffekt: Damit gehen dir auch nie wieder die Ideen für spontane Bastelstunden aus.**

---

Mehr dazu erfährst du im Kapitel Zero Waste & Upcycling.

# 214 VERPACKUNGEN

**Je besser wir mit unseren Sachen umgehen, desto länger haben wir etwas davon. Achte darum also unbedingt auf die Pflege- und Nutzungsanweisungen von Haushaltsgeräten & Co. Das lässt sie länger leben, bei optimalem Energieverbrauch – und du sparst Geld und Zeit, denn du musst nicht ständig neue Bedienungsanleitungen durchlesen.**

---

Wie du Küchengeräte von Kalk befreist, erfährst du auf den Seiten 86 und 88.

# 215 PFLEGE

**Erste Wahl: Zu Fuß oder mit dem Rad, soweit es das Wetter zulässt. Das wird dir auch dein Körper danken, gerade, wenn du einen Büro-Job hast. Danach folgen öffentliche Verkehrsmittel wie U- und S-Bahnen, (Fern-)Busse und Züge. Versuche, möglichst wenig zu fliegen – lieber einmal im Jahr eine lange Fernreise machen als fünf kurze Flugreisen.**

---

Mehr dazu erfährst du im Kapitel Unterwegs & im Urlaub.

# 216 FORTBEWEGUNG

# 217 SHARING

**Egal ob Raclette-Set, Fondue oder Elektro-Grill – überlege vor jeder Neuanschaffung, ob du dir diese Dinge nicht auch gemeinsam mit Freunden oder Nachbarn kaufen kannst. Das spart gleichzeitig Geld und Platz, und vieles braucht man ohnehin nur ein paar Mal im Jahr. Und grillen kann man dann auch gleich zusammen, ist eh netter. Fürs Auto gibt es das insgesamt sehr günstige Car-Sharing-System – einfach mal ausprobieren! Ansonsten gilt: mieten oder ausleihen – und was du selbst nicht brauchst verschenken statt lagern.**

---

Mehr dazu erfährst du im Kapitel Energie & Ressourcen.

**Je weniger Müll du produzierst, desto besser. Entsteht trotzdem welcher, solltest du ihn richtig entsorgen, damit er bestenfalls recycelt werden kann und schädliche Stoffe richtig entsorgt werden können. Besonders wichtig ist das bei Altglas, Altpapier, Batterien, Elektroschrott und Autos. Ansonsten gilt ganz allgemein: Müll nach Plastik (gelber Sack) und Restmüll trennen und Bio-Abfälle in die Bio-Tonne bzw. auf den Kompost werfen.**

---

Mehr dazu erfährst du im Kapitel Energie & Ressourcen.

# 218 ENTSORGEN

**Jeder – und alles – verdient eine zweite Chance. Überlege dir darum bei allem, was du eigentlich entsorgen möchtest, ob sich daraus nicht doch noch etwas Tolles zaubern lässt, für dich selbst oder als Geschenk für Freunde und Familie. So werden aus Gurkengläsern Blumenvasen, aus Büchern coole Regale oder aus Safttüten praktische Portemonnaies.**

---

Mehr dazu findest du im Kapitel Upcycling.

# 219

# UPCYCLING

# 220 KOSMETIK

**Auch in Kosmetik stecken chemische Inhaltsstoffe, die Haut und Umwelt belasten. Darum: Auf Bio-Marken setzen, vorm Kauf über die Herstellungsbedingungen informieren und Zutatenlisten studieren. Alternativ kannst du aus Aleppo-Seife, Kokosöl, Sheabutter und Kakaobutter ganz einfach tolle Kosmetik-Produkte selbst machen, für dich selbst oder zum Verschenken.**

Mehr dazu erfährst du im Kapitel Gesundheit & Kosmetik.

# 221 ENERGIE

**Grundsätzlich gilt: Alles aus- und abschalten, wenn du Lichtquellen, Heizung und Geräte nicht benutzt. Einzige Ausnahme: Die Weihnachtszeit, da darf es auch mal schön bunt blinken, wenn man nach Hause kommt. Selbst im Standby-Modus wird übrigens Energie verbraucht, aber auch hier gibt es Tipps und Tricks, die helfen. Außerdem: Wenn möglich, auf Öko-Strom und LEDs umsteigen.**

---

Mehr dazu erfährst du im Kapitel Energie & Ressourcen.

**Sparen, sparen, sparen! Für den harten Kern unter den nachhaltig Lebenden heißt das: maximal fünf Minuten duschen. Für den Rest von uns: Wäsche nur bei voller Beladung waschen und Geschirr nicht per Hand, sondern in der (voll gepackten) Maschine spülen – gibt's übrigens auch für Single-Haushalte. Ansonsten immer eine Edelstahl-Trinkflasche mit Leitungs- oder Sprudelwasser im Gepäck haben, das erspart dir den Kauf von To-Go-Getränken.**

Mehr dazu erfährst du im Kapitel Energie & Ressourcen.

## 222 WASSER

# NOTIZEN

**AHA!**

Woher kommt der Begriff Nachhaltigkeit eigentlich? Den Grundgedanken gibt es im Prinzip schon seit vielen Jahrzehnten. Zuerst hat er sich im Bereich der Forstwirtschaft etabliert, und zwar zu Zeiten von Hans Carl von Carlowitz, der von 1645 bis 1714 lebte. Er forderte schon damals, als der Holz-Bedarf plötzlich rapide anstieg, um Häuser & Co. zu bauen, nicht mehr Bäume zu fällen, als auch nachwachsen. Heute umfasst der Begriff jedoch deutlich mehr: Er steht für die Überzeugung, dass wir nicht mehr länger auf Kosten der Umwelt und zukünftiger Generationen leben können. Wer nachhaltig lebt, setzt sich also für den Schutz von Umwelt und Ressourcen ein. Er versucht, möglichst wenig Müll zu produzieren, viel zu recyceln und wertschätzend zu konsumieren.

# SAISON-TABELLEN

## Obst & GeMüse

Informiere dich vorm Einkaufen, welche Obst- und Gemüsesorten gerade Saison haben, und versuche regional angebaute Sorten zu kaufen.

| | |
|---|---|
| **Aubergine** | Juli bis Oktober |
| **Blumenkohl** | Mai bis Oktober |
| **Bohnen** | Juli bis Oktober |
| **Brokkoli** | Juni bis Oktober |
| **Champignons** | Januar bis Dezember |
| **Erbsen** | Juni bis August |
| **Fenchel** | Juni bis November |
| **Grünkohl** | November bis Februar |
| **Gurken** | Juni bis Oktober |
| **Kartoffeln** | Januar bis Dezember (bzw. ganzjährig aus dem Lager) |
| **Kohlrabi** | Mai bis Oktober |
| **Kürbis** | August bis November |
| **Lauch** | Januar bis Dezember |
| **Mais** | August bis Oktober |
| **Möhren** | Juni bis Oktober (bzw. ganzjährig aus dem Lager) |
| **Paprika** | Juli bis Oktober |
| **Radieschen** | Mai bis Oktober |
| **Rote Bete** | Juli bis November |

| | |
|---|---|
| **Sellerie** | Juli bis Oktober |
| **Spargel** | April bis Juni |
| **Spinat** | März bis Mai |
| **Tomaten** | Juli bis Oktober |
| **Weißkohl** | Juni bis November |
| **Wirsing** | Mai bis Februar |
| **Zucchini** | Juni bis Oktober |
| **Zwiebeln** | Juli bis Dezember (bzw. ganzjährig aus dem Lager) |
| | |
| **Apfel** | August bis November |
| **Aprikose** | Juli und August |
| **Birne** | August bis September |
| **Erdbeeren** | Mai bis Juli |
| **Himbeeren** | Juni bis August |
| **Kirschen** | Juni bis August |
| **Pflaumen** | Juli bis September |
| **Rhabarber** | April bis Juni |
| **Wasser-melone** | August und September |
| **Weintrauben** | September und Oktober |

**Fleischlos glücklich!**

Es geht auch ohne. Mit diesen eiweißreichen Alternativen fehlt dir garantiert nichts – und du kannst tolle neue Rezepte ausprobieren!

| **Darum geht's:** | **Was ist das genau?** | **Kulinarischer Fleischersatz in:** |
| --- | --- | --- |
| **Tofu** | Kalorienarmer Eiweißlieferant aus Sojabohnen-Püree | Rührei, Suppen, Pfannengerichte |
| **Sojagranulat** | Der Hackfleisch-Ersatz wird aus entfettetem Sojabohnen-Mehl gewonnen. | Hack-Gerichte wie Burger, Bolognese-Soße, Chili con Carne |
| **Tempeh** | Besonders bekömmlicher Ballaststoff- und Eiweißlieferant aus fermentierten Sojabohnen | Asia-Gerichte, Burger, Bratlinge, Pfannengerichte |
| **Seitan** | Zähe, eiweißreiche Masse aus einem Teig aus Weizenmehl und Wasser. Beim Kneten wird ein Großteil der Stärke ausgewaschen. | Pfannengerichte, Bratwurst, Schnitzel, Aufschnitt |
| **Lupineneiweiß** | Eiweißreiche, ballaststoffreiche Hülsenfrucht, die nach Nüssen schmeckt. Das Lupinenmehl wird aus eingeweichten, gepressten Kernen gewonnen. | Schnitzel, Würstchen, Gyros, Bratlinge |
| **Grünkern** | Das halbreif geerntete Korn des Dinkels ist der Grünkern, der durch Rösten und Trocknen haltbar und schmackhaft gemacht wird. | Bratlinge, Frikadellen |
| **Kichererbsen** | In der Kirchererbse stecken jede Menge Eiweiß, Eisen und Kalzium, genau wie sättigende Ballaststoffe. | Döner, Falafel, Pfannengerichte, Eintöpfe |

# REGISTER

# IMMER INFORMIERT, IMMER INSPIRIERT – DIE GANZE WELT VON TOPP AUCH IM NETZ

## Webseite

Die neuesten Trends, die schönsten Kreativbücher und die aktuellsten Informationen auf unserer Webseite
Schau mal vorbei und stöbere in unserem riesigen Angebot von mehr als 1000 Kreativbüchern, Sets und mehr:

**www.TOPP-kreativ.de**

## Newsletter

Bunt, überraschend und immer aktuell – immer auf dem Laufenden mit unserem Newsletter
Noch heute anmelden und regelmäßig Informationen, Tipps und Neuheiten erhalten:

**www.TOPP-kreativ.de/Newsletter**

## Facebook

Werde Teil unserer Communitys Mitstrickzentrale fürs Handarbeiten und Bastelzentrale für die Themen Basteln, Bauen, Dekorieren & DIY. Du findest uns unter:

**www.facebook.com/Mitstrickzentrale**
**www.facebook.com/Bastelzentrale**

## Digitale Bibliothek

Tutorial-Videos, Plotter-Dateien, Vorlagen zum Ausdrucken, Übungsblätter etc.
Zu vielen TOPP-Büchern gibt es digitale Extras. Schau im Impressum nach (die letzteSeite des Buches): Wenn dort ein Freischaltcode abgedruckt ist, dann besuche die Digitale Bibliothek auf unserer Webseite, registriere Dich einmalig und schalte Deine Zusatzmaterialien frei:

**www.TOPP-kreativ.de/DigiBib**

## Instagram

Live dabei mit ständig aktuellen News aus dem frechverlag. Willst Du wissen, was bei uns gerade passiert und woran wir arbeiten? Dann folge uns auf Instagram. Möchtest Du uns an Deinen Kreativprojekten teilhaben lassen?Dann poste doch gleich ein Foto mit dem Hashtag **#frechverlag** und wir stellen Dein Werk gerne der Community vor:

**www.Instagram.com/frechverlag**

## Pinterest

Neue Bücher, neue Ideen und die Menschen, die sie machen
Du bist auf der Jagd nach den neuesten Ideen und aktuellen Trends im DIY-Bereich? All das gibt es auf den Pinnwänden des frechverlags unter:

**www.Pinterest.com/frechverlag**

## Youtube

Ein Video sagt oft mehr als tausend Worte
Du möchtest neue Techniken ausprobieren, Autoren kennenlernen oder einmal hinter die Kulissen unserer Buchproduktionen schauen? Dann abonniere den Kanal des frechverlags unter:

**www.YouTube.com/Frechverlag**

# BUCHEMPFEHLUNGEN FÜR DICH

Entdecke auch unsere anderen Bände mit vielen Lifehacks

ISBN 978-3-7724-7009-7

ISBN 978-3-7724-7693-8

ISBN 978-3-7724-7623-5

ISBN 978-3-7724-6455-3

ISBN 978-3-7724-7468-2

ISBN 978-3-7724-7716-4

ISBN 978-3-7724-7784-3

ISBN 978-3-7724-7793-5

ISBN 978-3-7724-7754-6

ISBN 978-3-7724-7826-0

ISBN 978-3-7724-7596-2

ISBN 978-3-7724-7155-1

Mehr zum Thema Lifehacks findest du auf www.trick17-dasbuch.de

# BUCHEMPFEHLUNGEN FÜR DICH

Hier gibt es weitere Lifehacks im Pockezz-Format

ISBN 978-3-7724-7921-2

ISBN 978-3-7724-7922-9

ISBN 978-3-7724-7923-6

ISBN 978-3-7724-7924-3

ISBN 978-3-7724-7925-0

ISBN 978-3-7724-7926-7

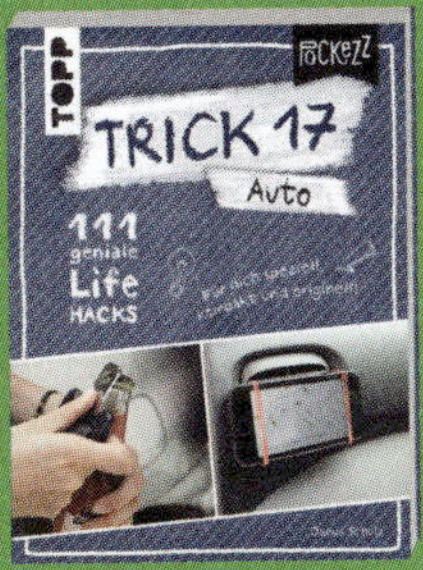


ISBN 978-3-7724-7144-5

ISBN 978-3-7724-7146-9

ISBN 978-3-7724-7147-6

# IMPRESSUM

**FOTOS:** frechverlag GmbH, 70499 Stuttgart; shutterstock: Africa Studio (S. 257); Aksani (S. 230); Alona Gudzenko (S. 249); anitram (S. 286); Arcady (S. 93); Azret Ayubov (S. 101); ben bryant (S. 129); Bilanol (S. 256); Bjoern Wylezich (S. 256); Bohbeh (S. 8, 223); brizmaker (S. 82); 1933bkk (S. 136); ChiccoDodiFC (S. 273); Christian Jung (S. 24); Cora Mueller (S. 287); De Repente (S. 214); Digital-Hand Studio (S. 130); DmyTo (S. 145); Dream79 (S. 304); Elena Hramova (S. 117); Evan Lorne (S. 119); Fotocute (S. 255); Franz Peter Rudolf (S. 299); GO DESIGN (S. 252); gpointstudio (S. 21), Grandpa (S. 117); Grazyna Kownacka (S. 50); GuyHanoch (S. 64); HAKINMHAN (S. 226); hans engbers (S. 240); I am Kulz (S. 297); Josep Suria (S. 246); Katarzyna Wojtasik (S. 264); Katy Foster (S. 23); kiraziku2u (S. 240); KYNA STUDIO (S. 100); Maciej Bledowski (S. 224); Madeleine Steinbach (S. 286); Manfred Ruckszio (S. 287); margostock (S. 31); Martin Lehmann (S. 244); Mikael Damkier (S. 143); Milos Muller (S. 245); Mostovyi Sergii Igorevich (S. 255); MyetEck (S. 126); Naypong Studio (S. 12); Nithid Memanee (S. 256); nnattalli (S. 223); nullplus (S. 247); Pawel Kazmierczak (S. 222); petrmalinak (S. 225); photocritical (S. 132); pixfix S. 283; Rawpixel.com (S. 245); Rudolf Geiger (S. 10); Sayan Puangkham (S. 226); Scharfsinn (S. 247); S.Borisov (S. 245); S. Kishano (S. 132); Stav krikst (S. 247); 1989studio (S. 215); T.Dallas (S. 309); tristan tan (S. 27); TwilightArtPictures (S. 296); ULKASTUDIO (S. 115); Val Thoermer (S. 241); Vladimir Wrangel (S. 273); wavebreakmedia (S. 248, 287, 300); Wetzkaz Graphics (S. 142); Whiteaster (S. 30); Yasonya (S. 298); Fotostudio lichtpunkt, Michael Ruder, Stuttgart (alle übrigen)

**ILLUSTRATIONEN KAPITELAUFMACHERSEITEN:** Rosenrot – Charlotte Müller und Christine Gerlach, Berlin
**PRODUKTMANAGEMENT UND LEKTORAT:** Vanessa Kredel, Eva Schrecklinger
**HERSTELLUNG:** Katrin Röhlig
**SATZ:** Fotosatz H. Buck, Kumhausen
**DRUCK UND BINDUNG:** GPS Group GmbH, Österreich



1. Auflage 2019

ISBN 978-3-7724-4976-5 • Best.-Nr. 4976